ENTRETIENS

DU PÈRE ROCOCO

AVEC

DES OUVRIERS AGRICOLES

PUBLIÉS PAR

UN INSTITUTEUR

LA RÉPUBLIQUE

EST-ELLE

SEULE GOUVERNEMENT DE DROIT ?

PRIX 75 CENT.

PARIS

WATTELIER ET Cⁱᵉ, ÉDITEURS,

RUE DE SÈVRES, 19..

1873

ENTRETIENS

DU PÈRE ROCOCO

AVEC

DES OUVRIERS AGRICOLES

Lunel, typographie et lithographie de Camille Cnos..

ENTRETIENS

DU PÈRE ROCOCO

AVEC

DES OUVRIERS AGRICOLES

PUBLIÉS PAR

UN INSTITUTEUR

LA RÉPUBLIQUE

EST-ELLE

SEULE GOUVERNEMENT DE DROIT?

PARIS

WATTELIER ET Cie, ÉDITEURS,

RUE DE SÈVRES, 19.

1873

AVERTISSEMENT

Si le public accueille favorablement ces *Entre-tiens,* nous publierons à la suite des uns des autres d'autres *entretiens* sur toutes les questions politiques et sociales. Il dépend donc des lecteurs de mettre fin à notre rédaction ou de nous encourager à poursuivre. Je désire vivement être encouragé, car j'ai la conviction que les idées du Père *Rococo* sont les seules vraies et par conséquent les seules libératrices.

Un Instituteur anonyme.

LA RÉPUBLIQUE

EST-ELLE

LE SEUL GOUVERNEMENT DE DROIT ?

EXPOSITION

Instituteur dans un village, que je ne nommerai pas pour bonne cause, je suis, malgré cela, clérical et légitimiste, et, comme tel, bien vous le pensez, objet de haine pour les partisants de l'école *laïque*.

Un de ces jours, après, avoir fait ma classe, je sortis pour aller prendre un peu de repos à l'air et au soleil, et je fis la rencontre de M. Laroque, l'homme le plus remarquable de notre Commune.

M. Laroque est âgé de 65 à 67 ans, mais on ne lui en donnerait pas 60. Un peu au-dessus de la taille moyenne, maigre, nerveux, sanguin, mais d'une riche et robuste santé, il a des cheveux d'une blancheur éblouissante, des yeux bleus d'une caressante douceur, mais qui semblent pénétrer jusqu'au fond de l'âme, lorsqu'il regarde, pour les étudier, les personnes avec lesquelles il converse. Portant écrits sur son large front les signes d'une grande intelligence, il vous apparait comme un philosophe plein d'une gravité mélancolique et néanmoins sans tristesse, car, dès qu'il voit quelqu'un, le plus doux des sourires s'épanouit sur ses lèvres, pourtant toujours un peu marquées des plis de l'ironie.

En arrivant dans le village, je pris M. Laroque pour un richard aux mœurs simples et modestes. Mais bientôt le secrétariat de la Mairie me donna la conviction que toute sa fortune consiste en une gentille et petite maison qu'il habite, maison fort heureusement assise au milieu d'un jardin d'une vingtaine d'ares, divisé en verger, potager et parterre, et en 4 hectares de terres et vignes. Sa vie dès lors devint pour moi un intéressant problème, dont je trouvai bientôt la solution.

M. Laroque est en même temps agriculteur et homme d'étude. Agriculteur actif et intelligent, il stimule les ouvriers par son exemple, car il travaille toujours avec eux ; il leur donne le goût de l'ouvrage qu'ils font, en leur exposant avec une grande clarté les raisons pour lesquelles il ordonne tel ou tel travail et de telle ou telle manière, parce que selon lui : Tout travail est productif, lorsque l'intelligence dirige les forces. Aussi ses ouvriers l'adorent-ils et il obtient de son bien des produits merveilleux dont il tire le plus grand bénéfice, parce qu'il sait les soigner, les vendre à propos et qu'il expédie directement ses bons vins à une clientèle qu'il a su conquérir peu à peu. Cependant, tout n'était pas encore bien clair pour moi. Je ne voyais pas comment avec ce revenu relativement magnifique, mais bien modeste en lui-même, M. Laroque pouvait exercer si noblement l'hospitalité et faire tant de bien autour de lui. Mais bientôt je découvris que cet homme si généreux pour les autres ne dépense presque rien pour lui-même. Son jardin, sa basse-cour, son grenier et sa cave lui sont plus que suffisants. Il n'achète un peu de vin étranger à la commune que pour ses amis et il n'a recours à la boucherie qu'une seule fois par semaine, lorsqu'il il est seul, car, j'avais oublié de le dire, M. Laroque est célibataire et il n'a pour le servir qu'une domestique à peu près de son âge, qu'il appelle sa sœur, parce qu'ils ont été tous les deux allaités par la mère de Marguerite.

Les livres, voilà la dépense la plus considérable de cet excellent vieillard, qui trouve en eux sa récréation, son café, sa société. Il m'a dit fort souvent : « Lorsque le corps est fatigué, l'âme ne l'est pas, et je donne le repos à mon corps, en faisant *piocher* l'âme. On se repose en passant d'un travail à un autre, et d'ailleurs il est des études qui reposent l'âme comme il est des travaux qui reposent le corps. » Mais il avait tort de se donner pour un *piocheur*. Je n'ai jamais trouvé un esprit qui eut plus de facilité et d'aptitudes. Aussi quelle variété et quelle profondeur dans ses connaissances!

Lors de mes premiers rapports avec M. Laroque, je le pris, non pas pour un libre-penseur, car je le savais bon catholique, mais pour un catholique pensant trop librement. En politique, il me parut de prime-abord

démocrate et même socialiste, d'un socialisme tout particulier. Mais combien je me trompais ! Là où je trouvais
qu'il n'était pas suffisamment catholique, j'étais, je l'ai
appris depuis à son école, en dehors de la vraie doctrine de l'Eglise ; là où je le considérais comme démocrate, il n'était que dévoué au peuple et aux droits légitimes de l'homme; là où il me paraissait socialiste, il
l'était réellement, mais socialiste au sens de Jésus-Christ
et de l'Eglise.

Après cette exquisse imparfaite, on ne sera pas surpris
d'apprendre que, sous la restauration et encore un peu
sous Louis-Philippe, M. Laroque était le *factotum* du
village. Il n'a jamais été Maire, pas même conseiller
municipal, parce que, malgré des idées légitimistes bien
arrêtées, il n'a jamais voulu se mêler aux partis, pas
même au sien, sous ce prétexte ou cette raison que
l'esprit de parti conduit toujours à l'étroitesse des points
de vue, aux jugements passionnés et aux alliances les
plus monstrueuses, sinon aux injustices ; mais il était
le médecin, le pharmacien, l'avocat, le secrétaire de
presque tout le village. S'il ne l'est plus, ce n'est pas
qu'il ait changé; il reste toujours le même pour ceux
qui veulent encore recourir à lui. Mais si lui est toujours
le même, ceux qui l'entourent sont devenus tout diffé-
rents. Autrefois, on le vénérait et on l'appelait *le bon
père Laroque ;* aujourd'hui, on l'estime, on le craint et,
lorsqu'il n'est pas présent, on le désigne par le sobri-
quet de *Père Rococo.*

Habitué à voir M. Laroque ne pas perdre un seul
instant, je fus tout surpris de le rencontrer et je lui dis

en le saluant avec respect : Par quel miracle, Père Laroque, êtes-vous ici à cette heure ? Etes-vous malade ou
bien y a-t-il quelque chose d'extraordinaire ? — Il y a
tout simplement, me dit-il, le besoin de jouir du soleil
après tant de jours de pluie qui, m'ayant empêché de
travailler à la terre, m'ont forcé à lire et à réfléchir
plus que de coutume. Voulez-vous venir avec moi pro-
mener dans le jardin de M. le Maire ? — J'y consentis et
bientôt, en devisant un peu de tout, nous arrivâmes au
jardin que nous trouvâmes plein d'ouvriers, ce qui fit
sourire M. Laroque qui pensait bien certainement que
le travail sur un terrain si détrempé n'était pas fait
dans les conditions voulues par les principes agricoles.

En nous voyant, tous ces cultivateurs se regardèrent
les uns les autres avec un sourire qui me sembla dire :
En voici qui ne sont pas des nôtres, amusons-nous à
les taquiner. — Et comme nous nous rapprochions,
j'entendis un vieillard qui disait : « Prenez garde, vous
aurez affaire à forte partie — Ah bas ! répondit leur
chef appelé *lou Baylé*, nous allons voir. »

Arrivés près d'eux, nous les saluâmes très-poliment
et à peine avions-nous échangé nos saluts que le *Baylé*
aborda la question de la Fusion, croyant nous embar-
rasser, et ils eurent l'air tout déconcertés lorsque
M. Laroque, ayant dit qu'il ne croyait pas à la fusion,
parce que les d'Orléans voulaient se réserver toutes les
chances en demi-révolutionnaires qu'ils étaient et qu'ils
sont toujours, les assura carrément qu'Henri V serait
appelé tôt ou tard par la France, mais qu'il ne viendrait pas par la voie de la fusion. Dès qu'ils se furent

un peu remis de cette brusque franchise à laquelle ils ne s'attendaient pas, parce qu'ils s'imaginaient nous en imposer, ils abordèrent toutes les questions à la fois et il en résulta une confusion extrême jusqu'à ce que le Démocrate le plus exalté parmi eux et que l'on surnomme *le Barbu* s'écria avec violence : « Et laissez donc tranquille cette pauvre République ; donnez-lui le temps de s'établir. » — Je lui répondis au milieu du silence causé par cette explosion : « Vous êtes en vérité fort curieux. Vous avez fait la guerre à tous les gouvernements, sans excepter celui de M. Thiers dans ses commencements, et maintenant, parce que l'on a donné au gouvernement provisoire le nom de République, et que vous croyez que M. Thiers travaille pour vous, vous lui pardonnez tout et vous demandez qu'on le laisse tranquille ! Laissez au moins aux autres la liberté dont vous avez si largement usé. » — Non, non, répondit énergiquement le Barbu, il ne peut en être ainsi. Nous avons eu raison d'attaquer tous les gouvernements, parce qu'ils étaient tous usurpateurs des droits du peuple ; mais il ne peut être permis d'attaquer la République qui est le gouvernement de droit. » — Du calme, du calme, mes enfants, dit doucement M. Laroque, si vous voulez connaître la vérité. Remarquez, mon ami, que votre liberté est la liberté du bien et l'asservissement du mal. Or, si j'admets cette liberté avec tous les catholiques, les Républicains ne l'ont jamais reconnue. Puis, vous supposez comme une chose incontestable et incontestée que la République est le seul gouvernement de droit, et cependant vous savez que cette assertion est très-fort contestée et que moi, par exemple, je crois qu'en France le seul gouvernement de droit est celui d'Henri V. » Et comme le Barbu allait prendre la parole, M. Laroque lui dit : « Permettez, mon ami, encore un mot. Il y a république et République comme il y a monarchie et monarchie. Vous êtes là six agriculteurs réunis. Je parie bien qu'il n'y en a pas deux parmi vous qui l'entendent de la même manière. Ainsi, vous qui demandez que l'on laisse M. Thiers tranquille, vous seriez bien fâché qu'il restât au Pouvoir et, si vous le pouvez, vous ne serez pas le dernier à le renvoyer. » Alors le vieillard qui avait dit en commençant : « Prenez garde, vous avez affaire à forte partie » et que l'on appelle *Le Philosophe*, parce qu'il écoute beaucoup, parle très peu et toujours en homme d'importance, adressa ces paroles à M. Laroque : « Tenez, père Laroque, nous ne sommes pas capables de lutter avec vous. Nous sommes bien heureux qu'il y ait des personnes qui pensent pour nous. » Frappé de ces paroles, M. Laroque se recueillit et après quelques instants, il dit au Philosophe : « Nous sommes bien malheureux nous autres. Si nous vous disons au nom de Dieu ou au nom de la science : « Voilà ce qu'il faut croire », vous demandez que l'on raisonne avec vous et que l'on ne vous traite pas comme des enfants ; si nous vous donnons des raisons, au lieu de vous rendre, vous vous déclarez incapables de répondre et vous en appelez à des lumières que vous croyez supérieures aux vôtres. Vous ne sauriez croire, mon cher ami, tout ce qu'il y a de bien et de mal renfermé dans cette exclamation de votre âme : « Nous sommes bien heureux qu'

y ait des personnes qui pensent pour nous. » Cette exclamation est-elle inspirée par le sentiment de votre faiblesse? Comprenez-vous qu'il vous est nécessaire d'avoir
des personnes qui pensent pour vous et surtout des personnes qui vous donnent des garanties d'intelligence et
de véracité? Vous arriverez à reconnaître la nécessité de la
révélation divine et de l'infaillibilité de l'Eglise. Mais si elle
vient du besoin de résister à la lumière de la raison,
prenez garde à vous : raisonneur contre Dieu, contre
l'Eglise, contre le Pape et ceux qui le représentent, vous
deviendrez le disciple aveugle d'un homme que vous
prendrez pour un savant et pour un ami, parce qu'il
saura flatter votre orgueil et vos passions ; à la place
du Pape que vous a donné Jésus-Christ, vous prendrez
un Pape qui saura se servir de vous pour s'élever au-
dessus de tout et qui vous entraînera dans toutes ses
voies parce qu'il vous fera croire qu'il n'est que votre
représentant. Mais assez, mes amis. Je vous fais perdre
le temps, et M. le Maire m'en voudrait ; si vous désirez continuer cette conversation, je serai heureux de
vous revoir. »

Après notre départ, les moqueries, les *Pères Rococo,*
les cléricaux, les réactionnaires à notre adresse ne man-
quèrent pas. Cependant, le Philosophe ayant dit qu'il lui
semblait voir beaucoup de bon dans la conduite et
dans les raisons de M. Laroque, le Baylé ayant décla-
ré qu'il y aurait lâcheté à fuir le débat, et le Barbu
qu'il était toujours bon de savoir ce que pense l'ennemi, nos cultivateurs décidèrent qu'ils nous deman-
deraient une conversation sur la question de la Ré-

publique de droit. C'est pourquoi, après leur journée, deux d'entr'eux vinrent me trouver, afin de prendre rendez-vous pour ce duel de parole. Certain d'être approuvé par M. Laroque, j'acceptai le jour et l'heure qu'ils proposèrent ; mais lorsqu'il s'agit de choisir le lieu, grande fut la difficulté. Instituteur communal, je ne pouvais les recevoir chez moi dans un tel but. On eut l'idée de se réunir à la Mairie; mais il aurait fallu la permission du Conseil municipal qui gouverne notre Maire. Je proposai la maison de M. Laroque, je m'apperçus qu'il regardaient ce lieu comme trop compromettant pour des républicains, ce qui prouve combien sont libres ces grands prôneurs de liberté. Enfin, ils se décidèrent à demander à M. le Maire la permission de nous réunir dans la belle serre de son jardin, et, comme ils ne doutaient pas de l'adhésion de ce digne magistrat, nous nous donnâmes rendez-vous pour le lendemain, après avoir fixé le sujet que nous devions traiter, à savoir celui-ci : LA RÉPUBLIQUE EST-ELLE LE SEUL GOUVERNEMENT DE DROIT.

Maintenant, un mot sur chacun des personnages. Le Baylé ou chef des ouvriers, est un homme grand, sec, bilieux, sachant lire et signer. Par exemple, je n'assure pas qu'il comprenne toujours ce qu'il lit. Généralement, il se possède assez, et il aime beaucoup la raillerie; mais gare à vous, si vous touchez une corde sensible. C'est un républicain modéré, du moins il l'assure ; mais il se précipiterait dans le radicalisme le plus exagéré plutôt que d'admettre la Monarchie.

Le Barbu, beaucoup plus intelligent par nature et ayant un degré supérieur d'instruction, est d'une taille ordi-

naire et d'une force d'Hercule. Sanguin, bilieux, naturellement éloquent, il exerce une grande influence sur les
ouvriers. Il se donne pour démocrate, radical et socialiste.
Cependant, je dois le dire, sous sa rude écorce, il y a
du cœur.

Le Philosophe est à peu près illettré. Nous l'avons
déjà dépeint. Respirant une atmosphère républicaine, il
se dit républicain. Mais au fond, il cherche toujours et
il laisse très-souvent percer un esprit de rectitude et
d'honnêteté remarquable.

Enfin, M. le Maire est un parfait honnête homme au sens
du monde, mais sans principes politiques, sans initiative,
sans énergie, humble serviteur par conséquent du conseil municipal, qui, à cause de cela, le considère comme
un Maire parfait. Il sait signer. Je le vois lire quelquefois. Comprend-t-il? J'ai des raisons d'en douter ; mais
je me garderais bien de les dire, étant son secrétaire et
placé sous sa férule.

Après ce long préambule, entrons en matière. Ce ne
sera pas trop tôt.

PREMIER ENTRETIEN

D'OÙ VIENT LE DROIT DE COMMANDER ?

Nous fûmes tous, le lendemain, fidèles au rendez-vous. C'était une heure, le moment où se reposent les agriculteurs après leur dîner. Parvenus dans la serre, nous prîmes chacun un siége en fer et nous formâmes un cercle qui était censé présidé par M. le Maire, mais qui, en réalité, l'était par M. Laroque.

Celui-ci, voyant dans les cultivateurs un air fort militant, leur dit avec son aménité ordinaire : « Mes amis, nous ne sommes [pas des combattants, j'espère, mais des hommes qui cherchent sincèrement la vérité. Il faut savoir écouter et accepter toute parole qui, après réflexion, nous paraît vraie, de quelque bouche que sorte cette parole.

« Mais, si nous voulons parvenir à la vérité, il nous faut procéder avec méthode, en partant de ce qui est clair pour arriver à ce qui est obscur, de ce qui est simple et facile pour arriver à ce qui est composé difficile. Regardez une montre, et vous verrez que si vous désirez en comprendre le mécanisme, il faut la démonter, étudier chaque pièce en particulier, la place qu'elle occupe, la raison de sa forme, son action sur les pièces voisines, et ce n'est que par cette étude patiente que vous finirez par bien saisir le mécanisme de cet instrument, indicateur des heures.

» Donc, si vous y consentez, avant de parler du droit exclusif de la République à gouverner les peuples, droit que vous attribuez à cette forme de gouvernement, nous chercherons ensemble *d'où vient en général le droit de gouverner* et ensuite *d'où vient le droit de gouverner les peuples.* »

Cette proposition ayant paru raisonnable, ce qui me surprit un peu, M. Laroque adressa au Baylé cette question: « D'où vient, d'après vous, le droit de gouverner, non pas dans le gouvernement, mais en général?

Le Baylé « D'après moi, il vient de la force. »

M. Laroque : « Alors, vous pensez que, dans le cas où il n'y aurait pas de gouvernement, vous auriez le droit de me gouverner, car, incontestablement, vous êtes plus fort que moi »

Le Baylé: « Bien certainement. »

M. Laroque; « Et si vous perdiez vos forces par accident ou par maladie, devenant plus fort que vous, j'acquerrais le droit de vous gouverner et vous perdriez celui que vous aviez sur moi ?

Le Baylé: « Je ne puis le nier. »

M. Laroque: « Et si fort que vous soyez, si j'ai une arme et que vous n'en ayez pas, ou bien, si vous, étant armé, je parviens par ruse à m'emparer de vos armes, le droit de gouverner passera de vous à moi? En vérité, ce droit est curieux, puisqu'il suit tantôt la force, tantôt les armes, tantôt la ruse! Mais, dites-moi, cher enfant, permettez-moi ce langage auquel mon âge et mon cœur m'ont habitué, dans le cas où étant le plus fort, le mieux armé et le plus avisé, je vous opprimerais, n'auriez-vous pas le droit de réclamer ?»

Le Baylé: «Oh! si, je l'aurais. »

M. Laroque: « Comment donc disiez-vous que la force donne le droit? Si j'ai le droit de vous gouverner comme étant le plus fort, vous n'avez pas le droit de réclamer, car il n'y a pas de droit contre le droit ; que si vous avez le droit de réclamer, ce droit-là ne vient pas évidemment de la force. O cher ami, laissez cette doctrine à M. de Bismarck et pensez-y bien, si la force donne le droit, la France n'a pas le droit de réclamer.

Le Baylé: « Sans doute. Mais si nous devenons les plus forts ? »

M. Laroque: «Si nous devenons les plus forts, M. de Bismarck sera un imbécile qui n'aura pas su profiter de sa victoire pour nous écraser tout à fait: Voilà la conséquence de votre principe. Ce principe est donc horrible, puisqu'il impose au vainqueur le droit et la nécessité de rendre le vaincu tout à fait impuissant. Non, non, la force n'est pas le droit et, malgré vous, devant les faits iniques de la force vous en appelez au droit. »

L'instituteur: «Evidemment, le droit de commander vient de la raison, de l'intelligence. »

M. Laroque: « Je suis fâché de ne pas être de votre avis, et je puis vous faire à vous une réponse différente de celle que je ferais à ces Messieurs. Vous reconnaissez, mon cher maître, que j'ai plus de science et d'expe rience que vous. Me reconnaissez-vous le droit de vous commander ?

L'Instituteur: « Bien certainement. Est-ce que nous ne devons pas obéir à la science, à l'expérience, à la vérité ?

M. Laroque: « Incontestablement. Mais pas à la personne qui vous dit la vérité. C'est tout différent. Il vous est arrivé quelquefois d'avoir raison contre moi. J'ai écouté la raison parlant par votre bouche, j'ai fait, dans ces occasions, ce que je désire que nous fassions tous, mais je ne vous ai pas obéi à vous. Je suis trop fier pour cela. La raison ne commande pas. C'est un flambeau qui indique la vérité et le bien, c'est un phare placé sur le rivage, et elle n'entraîne la volonté que lorsqu'il s'agit des premiers principes. »

L'Instituteur: « C'est vrai. C'est la volonté qui commande. »

M. Laroque. Mais toute volonté a-t-elle le droit de commander ? »

L'Instituteur. « Il me semble que oui, si elle est intelligente et raisonnable. »

M. Laroque: « Voilà que nous recommençons. Ma volonté si intelligente et si raisonnable qu'elle soit a-t-elle le droit d'exiger la soumission de la vôtre ?»

Nos agriculteurs étaient évidemment ravis de me voir battu. Mais je fus content, parce que j'aime la vérité et parce que cet incident leur fit comprendre que M. Laroque n'était préoccupé que du vrai.

Le Barbu: « Nous cherchons évidemment ce qui n'existe pas. Aucun homme n'a droit sur un autre homme parce que naturellement nous sommes tous égaux, libres, indépendants. »

M. Laroque: «Si vous prenez goût à ces causeries, nous examinerons ensemble les questions de liberté et d'égalité. Nous verrons ce qu'il faut entendre par égalité, ce qu'est l'indépendance, ce qu'est la liberté, et que la liberté n'est pas l'indépendance. Pour le moment, qu'il me suffise de vous demander si vous vous croyez réellement indépendant ? »

Le Barbu : « Je ne sais que trop que je ne le suis pas et c'est à cause de cela que je suis républicain, car j'ai le droit de ne dépendre de personne. »

M. Laroque : « Tenez, cher ami, vous lisez cela tous les jours, vous le répétez à chaque instant, et vous avez fini par vous persuader que c'est là une vérité incontestable. Au fond, cependant vous n'y croyez pas. »

Le Barbu: « Et je vous dis moi que j'y crois de toute mon âme. »

M. Laroque: « Affaire d'habitude en discussion politique. Mais, en dehors de la politique, alors que votre attention se porte sur d'autres objets, vous pensez différemment. Si vous le voulez bien, je vous raconterai une histoire qui vous distraira et nous mettra tous sur la bonne voie :

« Comme les savants, vous avez tous remarqué que toute poule sort d'un œuf et tout œuf d'une poule; mais vous n'avez jamais eu l'idée, et je vous en félicite, de vous demander si la poule a été faite avant l'œuf ou l'œuf avant la poule. Deux savants se sont longuement disputé sur cette question. De côté et d'autre on a entassé

raisonnements sur raisonnements, et la question est res-
tée indécise. Et bien! Vous ne le croirez pas, chers amis,
— car vous ne sauriez croire combien les savants sont parfois distraits, pour ne pas dire bêtes, — dans leur dispu-
te, il ne leur vint pas cette idée, qu'a toute simple
ménagère, qu'un œuf ne fait un poulet que s'il est
fécondé, ou, en d'autres termes, que pour avoir un œuf
bon pour la reproduction, il faut le coq outre la poule.
Nous pourrions ajouter que l'œuf a besoin d'être couvé;
mais ce fait ne les arrêterait pas: ils chargeraient sans
façon le soleil de faire le métier de couveuse.

« En ce moment, mes amis, ne faisons-nous pas quelque chose de ce genre? Lorsque nous disons que nous
sommes naturellement indépendants, nous ne voyons que
des coqs, nous oublions qu'il y a des poules, des œufs,
et que coq et poule sont sortis d'un œuf. »

Le Philosophe : « Barbu, il faut que cette fois-ci tu
avoues ton erreur. Il est évident que nous dépendons tous
de notre père et de notre mère et que nos épouses et
nos enfants dépendent de nous, quoique d'une manière
différente. »

Le Barbu: « J'avoue que j'avais parlé d'une manière
trop générale; mais il n'en est pas moins vrai qu'en dehors de mon père et de ma mère, personne n'a naturellement le droit de me commander. »

L'instituteur: « Il me semble que vous serez obligé de
restreindre encore votre principe, Car, dites-moi, Barbu,
à l'école votre enfant est-il obligé de m'obéir? S'il y est
obligé, j'ai le droit de le commander. Ce droit d'où me
vient-il? »

Le Barbu : « Je ne puis nier votre droit, et il me semble que vous le tenez de moi. »

L'Instituteur. Très-bien répondu. Votre devoir est d'instruire votre enfant. Ne pouvant ou ne voulant pas l'instruire vous même, vous me chargez de le faire à votre place et vous me déléguez votre autorité pour que je puisse remplir la mission que vous me confiez. Mais n'y a-t-il pas encore d'autres dépendances? Aujourd'hui par exemple, n'avez-vous pas M. le Maire pour maître. Je ne vous parle pas de M. le Maire en tant que Maire, car nous sommes à l'origine des choses, et, à l'origine, il n'y avait pas plus de Maires que de Communes, je vous parle de M. le Maire en tant que propriétaire. »

Le Barbu : « Ah ça! est-ce que vous vous imaginez que nous sommes encore sous le règne de la féodalité? Autrefois, le propriétaire était le maître du cultivateur : aujourd'hui, le cultivateur est libre et il ne reconnaît pas de maître. »

L'Instituteur : « Vous répondez, mon ami, à une question toute autre que celle que je vous ai posée. Je ne vous demande pas si le propriétaire est votre maître, mais si le propriétaire, pour lequel vous travaillez aujourd'hui n'est pas votre maître pour aujourd'hui? »

Le Barbu : « Non bien certainement. Ce serait fort curieux qu'il devienne mon maître parce que je lui donne ma journée. »

L'Instituteur : « M. le Maire, est-ce que le Barbu vous donne sa journée? »

Le Maire : « Non, car je dois la lui payer au prix convenu. »

Le Barbu : « Oh ! il est beau le prix que vous me donnez ! »

M. Laroque : « Barbu ne nous écartons pas de la question. Il ne s'agit pas en ce moment de savoir si votre accord avec M. le Maire est juste, mais si, en vertu de cet accord, supposé juste, M. le Maire n'est pas votre maître pour la journée. »

Le Barbu : « Non, mille fois non, il n'est pas mon maître. Est-ce que je ne suis pas libre de m'en aller maintenant ? »

M. Laroque : « Sans doute, vous le pouvez. Mais agirez-vous dans ce cas en honnête homme, si vous n'avez pas une bonne raison pour vous en aller ? Tout le temps que vous travaillerez ici n'êtes-vous pas sous la direction de M. le Maire ? Votre travail ne lui appartient-il pas jusqu'au terme fixé par votre convention avec lui ? Allons, mon ami, pas de mauvaise honte. Avouez qu'ayant vendu aujourd'hui l'exercice de votre industrie, cet exercice appartient à celui qui vous l'a acheté. »

Il se fit un instant de silence après lequel M. Laroque reprit la conversation en ces termes : « Vous voyez maintenant, je l'espère, que nous ne sommes pas indépendants. Tous, nous dépendons ou nous avons dépendu de notre père et de notre mère. Le père et la mère peuvent déléguer à un autre l'autorité naturelle qu'ils ont sur leurs enfants. Chacun d'entre nous peut, lorsqu'il est maître de lui-même, contracter des engagements qui le rendent dépendant. »

Après ce résumé, M. Laroque adressa aux ouvriers cette question : « D'où vient l'autorité du père sur son enfant ? »

Le Baylé lui répondit : « J'allais dire : de la force ; mais je m'aperçois que nous reviendrions au commencement de notre discussion. D'un autre côté, d'après votre réponse si bonne à M. l'instituteur, il résulte, ce me semble, que c'est la volonté intelligente qui commande, mais que ni la volonté ni l'intelligence ne donnent le droit. Je ne vois donc pas d'où me vient le droit de commander mes enfants. »

Le Philosophe : « Et parbleu, il te vient de ce que tu es leur père. »

M. Laroque : « Mais d'où vient que le père a ce droit ? »

Silence général. C'est pourquoi M. Laroque reprit ainsi :

« L'histoire raconte que Socrate avait une sage-femme pour mère et que ce philosophe disait qu'il faisait le métier de sa mère, parce qu'il accouchait les esprits. Qu'est-ce qu'il voulait dire par là ? Une chose aussi simple que profonde. Cet homme sage et réfléchi s'était aperçu qu'il est des choses que nous savons en général et que nous ne pensons pas à appliquer aux questions particulières que nous traitons de temps en temps. Il comprit donc qu'il suffit souvent d'une interrogation pour éclairer un disciple, et comme, par cette interrogation, on fait jaillir une vérité particulière d'une vérité générale qui la contient et qui en est *grosse*, a dit un grand homme, Socrate disait que par ses questions il accouchait les esprits. Voyons donc si je puis, à son exemple, faire accoucher votre intelligence, cher Baylé. Ecoutez bien : Votre ouvrage vous appartient-il de droit ? »

Le Philosophe. Ah ! j'y suis. L'œuvre appartient de

droit à l'ouvrier. L'enfant appartient donc à son père qui l'a fait. On a droit lorsqu'on est auteur. »

M. Laroque : « Ce qui revient à dire que pour avoir *l'autorité* il faut être *auteur* où recevoir le droit de l'auteur, ainsi que le reçoit M. l'instituteur sur vos enfants et aujourd'hui M. le Maire sur votre travail. »

« Nous pourrions, mes enfants, nous arrêter là. Mais, par le temps qui court, il importe de remonter plus haut. Si vous le voulez, nous renverrons à demain, car le moment du travail est arrivé. »

DEUXIÈME ENTRETIEN

D'OU VIENT LE DROIT DE COMMANDER EN GÉNÉRAL ?

(CONTINUATION)

Nos agriculteurs, exacts au rendez-vous, paraissaient mieux disposés que la veille. J'attribuai cela à l'influence de M. Laroque. Mais plus tard je dus remarquer que cette influence réelle n'avait obtenu un peu d'effet que grâce à la nature de la question traitée et à la manière dont l'avait présentée ce philosophe campagnard. Rien jusqu'alors n'avait attaqué nos ouvriers dans le vif et n'avait par conséquent réveillé leur méfiance. Il n'en sera pas toujours ainsi.

« Le droit de commander en général, dit l'excellent M. Laroque, ou l'autorité légitime n'est pas autre chose que le droit de l'auteur sur son ouvrage. On est le maître ou le *propriétaire* de ce que l'on fait. Nous sommes, je crois, d'accord là-dessus. Mais avant de remonter à des sources plus élevées de ce droit, il importe, mes chers amis, de distinguer deux sortes de *propriétés*, celle des *choses* et celle des *personnes*. Nous sommes évidemment maîtres de toutes les choses que nous avons faites : nous pouvons les donner, les vendre, les échanger, les conserver, les détruire, en un mot, en disposer comme nous l'entendons. Mais en est-il de même des personnes auxquelles nous avons donné l'existence et la vie ? »

Le Barbu : « Bien certainement. Est-ce que je ne suis pas le maître de mes enfants ? »

L'Instituteur : « Le maître, oui ; mais en êtes-vous le maître absolu ? »

Le Barbu : « Pourquoi pas, puisque je les ai faits ? »

L'Instituteur : « Comment ? Vous croyez pouvoir donner, vendre, échanger, conserver et détruire vos enfants selon vos caprices ? »

Le Barbu : « Je ne le puis pas à cause de la loi des hommes qui le défend ; mais, s'il n'y avait pas de gouvernement, qui m'empêcherait de le faire ? Etant le maître, je serais dans mon droit. »

M. Laroque : « Quoi, mon ami, vous ne trouvez ni dans votre raison, ni dans votre conscience, ni dans votre cœur, rien qui restreigne ce droit absolu que vous vous attribuez ? »

Le Barbu : « J'y trouve bien des choses. Mais tout cela dépend de l'éducation et de l'habitude. Si j'étais Chinois, je penserais et je sentirais autrement, et je croirais avoir raison. »

M. Laroque : « Mais l'auriez-vous en effet ? Tenez, vous me forcez à aller plus vite que je ne le désirais dans l'intérêt de notre discussion. Je vous prie donc de me répondre franchement à cette question : Ne vous est-il jamais arrivé de voir un père punir son enfant qui ne l'avait pas mérité ? »

Le Barbu : « Pardon, J'en ai même vu qui punissaient leurs enfants parce qu'ils agissaient bien. »

M. Laroque : « Et quel sentiment éprouviez-vous alors ? »

Le Barbu : « Un sentiment d'indignation et de mépris. »

M. Laroque : « Mais quel jugement portiez-vous sur une telle conduite ? »

Le Barbu : « Le jugement qu'elle était injuste. »

M. Laroque : « Et croyez-vous qu'un Chinois aurait porté le même jugement ? »

Le Barbu : « Incontestablement. »

M. Laroque : « Vous voyez donc que tout homme sait que le droit du père sur son enfant est limité par *la justice* ou, en d'autres termes, que son droit est soumis à la *justice*. »

M. Laroque continuant dit au Philosophe : « Que me diriez-vous si je vous assurais que le père et la mère sont les seuls auteurs de leurs enfants ? »

Le Philosophe : « Je vous dirais que vous êtes dans l'erreur ; car, selon moi, si non d'après le Barbu, par dessus le père et la mère, il y a Dieu dont le père et la mère sont les instruments. »

Le Barbu : « Tu as vu sans doute celui que tu appelles Dieu te venir en aide pour avoir des enfants ?

Le Philosophe : « Allons, tu vas revenir à ces idées que tu ne soutiens que parce que tu t'imagines qu'il le faut pour être bon républicain, et cependant, je te l'ai dit bien souvent, ce sont ces idées qui tueront la République. Je n'ai pas vu Dieu plus que toi ; mais je sais, comme tu le sais toi-même, qu'il n'est pas nécessaire de voir faire un ouvrage pour assurer qu'il a été fait par un ouvrier. Dans le cas présent, je suis l'ouvrier ; mais mon action suffit encore moins pour expliquer la formation d'un enfant que l'action du simple maçon pour rendre raison de cette belle serre. Nous ne l'avons pas vu construire et cependant nous sommes bien certains que le plan a été fait par un habile architecte ou que le chef des maçons, choisi par M. le Maire, est lui-même un habile architecte : à l'œuvre on connaît l'ouvrier. Je ne dirai plus rien. Vous savez que je n'aime pas de parler. »

L'Instituteur : « C'est dommage, car vous parlez très-bien. Mais voyons, Baylé, parlez pour le Philosophe, puisqu'il veut garder le silence. D'après la réponse de celui-ci, le droit de Dieu sur nos propres enfants est supérieur au nôtre. Mais, avec tout cela, je ne comprends pas pourquoi Dieu ne nous aurait pas donné sur nos enfants un droit aussi étendu que celui que nous avons sur les choses qui nous appartiennent. »

Le Baylé : « Je sens que ce droit ne peut être le même et que la justice veut qu'il y ait une grande différence entre ces deux droits, mais je n'y vois pas assez clair pour répondre. Peut-être qu'avec une question du bon père Laroque je pourrais accoucher.

M. Laroque. Vous avez raison, mon ami, et il me suffira, pour que votre idée devienne tout-à-fait claire, de vous demander si l'enfant est capable de connaître la justice et par conséquent le droit, et pour revenir à ce que nous disions tout-à-l'heure, croyez-vous que l'enfant injustement puni par son père ne sente pas que son père est injuste ?

Le Baylé. Ah ! j'y suis. Les personnes connaissent la justice et les choses ne la connaissent pas. Mais je ne vois pas comment la capacité de connaître la justice et la connaissance de la justice donnent le droit.

M. Laroque. Parce que vous ne vous demandez pas quel est l'auteur de la raison qui peut voir ou voit la justice.

Le Baylé. C'est vrai.

Le Barbu. Oui, mais, supposé que Dieu existe et qu'il soit notre premier auteur, s'en suit-il que ce que voit a raison vienne de lui ? Est-ce que toutes nos idées viennent de Dieu ? et puis, quand même l'idée de la justice viendrait de Dieu, cette idée nous donne-t-elle le droit à la justice ?

M. Laroque. C'est bien fort pour vous. Vous devez avoir lu cela quelque part. N'importe, il faut vous répondre. Il y a ici deux questions : l'idée de la justice nous vient-elle de Dieu et l'idée de la justice nous donne-t-elle droit à la justice. Je pourrais vous donner réponse à ces deux questions et vous démontrer la vérité de mes réponses. Mais, pour cela, il me faudrait par-

ler longtemps et sérieusement. Vous seriez bientôt fati-
gu és et distraits. Je préfère donc vous faire trouver
la vérité par mes interrogations. De cette sorte, vous
devez l'avoir remarqué déjà, la vérité saisit davantage et
reste mieux gravée dans la mémoire. Il s'agit de prouver d'abord que l'idée de justice nous vient de Dieu qui
nous a donné la raison. Or, si je ne me trompe, Barbu,
vous avez admis que tous les hommes ont l'idée de la
justice.

Le Barbu. Moi ! Vous plaisantez sans doute ?

L'instituteur. M. Laroque ne plaisante jamais. C'est
vous qui oubliez ce que vous reconnaissiez tout-à-l'heure
que la conduite du père punissant un fils non coupable
est injuste et que les Chinois eux-mêmes.....

Le Barbu. Oui, oui, et même on a ajouté que l'enfant
puni dans ces circonstances juge que son père est injuste.
Je n'avais pas compris la portée de cet aveu et je ne
voyais pas qu'il faut avoir l'idée de la justice pour juger
qu'une chose est injuste.

L'instituteur. Comme pour savoir si un objet a plus
ou moins de longueur que le mètre, il faut avoir l'idée
du mètre.

M. Laroque. Très-bien. magister. Vous voyez que je
ne plaisante jamais. Mais reprenons. Tous les hommes
ont l'idée de la justice ; donc cette idée vient de Dieu.

Le Philosophe. Je ne comprends pas la légitimité de
cette conclusion.

M. Laroque. Il faut donc que je vous la fasse comprendre. M. le Maire, j'ai besoin de vous pour cela.

Auriez-vous la bonté de nous donner le nom des belles fleurs qui nous entourent ?

M. LE MAIRE. Volontiers. Voilà des oranges ; viennent ensuite des citroniers et des cédras ; puis des lauriers roses, alors même qu'ils sont blancs. Là, à ma gauche, vous voyez des cinéraires, puis des azalées, des pélargoniums, des zonales, des....

M. LAROQUE. Merci, M. le Maire, c'est suffisant pour notre but. Voyez-vous tous ces arbustes et ces fleurs, et si d'autres hommes venaient les verraient-ils comme nous tous ?

M. LE MAIRE. Certainement nous les voyons tous et tous ceux qui viennent les voient, à moins qu'ils ne soient aveugles.

M. LAROQUE. Et à moins qu'il ne soit nuit. Mais d'où vient que tous les voient ?

LE PHILOSOPHE. Vous nous faites des questions d'enfants Parbleu, on les voit, parce que on a des yeux.

M. LAROQUE. Et qu'il fait jour. Mais, malgré le jour et vos bons yeux, les verriez-vous s'ils n'y étaient pas ?

M. LE MAIRE. Pensant que vous voulez nous amuser, Père Laroque, j'entre dans votre jeu et je réponds qu'on ne peut voir en un lieu ce qui n'y est point.

M. LAROQUE. Vous verrez bientôt si je m'amuse ou si je vous accouche. Ce sont donc les objets éclairés qui font que nous les voyons. Un peu de patience, je vous prie, et daignez répondre encore à cette question enfantine : D'où vient que tous nous voyons le même soleil et que nous sommes d'accord sur ses apparences et sur ses effets sensibles ?

M. le Maire. Parce que le soleil brille à tous nos yeux et que nous le sentons tous également.

M. Laroque. Mais nous voyons tous la justice. La justice est-elle un soleil ou bien est-elle éclairée par un soleil, et ce soleil quel est-il ? N'est-ce pas cette lumière qui éclaire la raison de tout homme venant en ce monde ?

Le Philosophe. Oh ! merci, M. Laroque. Que c'est beau cela !

M. Laroque. Remerciez Dieu qui vous éclaire, mon cher ami, et non pas celui qui ne peut que vous engager à ouvrir les yeux et à bien regarder.

Le Barbu. Ah ça ! Est-ce que vous jouez une comédie, ou bien avez-vous le don de voir les étoiles en plein midi ?

L'Instituteur. Vous dites bien mieux que vous ne pensez, car, en plein midi, on voit les étoiles dans l'eau d'un puits profond et nous voyons Dieu au fond de notre âme.

Le Barbu. Vous voyez Dieu ? Allons, vous rêvez.

L'Instituteur. Je ne vois pas plus Dieu que vous ne voyez les étoiles dans un puits. On ne voit que leur image, comme dans un miroir.

Le Philosophe. Vous êtes trop savant pour moi. Ce que je vois c'est que de même qu'il faut une lumière commune pour que tous nous voyons le même objet, il faut aussi une lumière commune pour que tous nous voyons la justice.

M. Laroque. Vous devez comprendre, Barbu, qu'il n'est pas nécessaire de voir pour savoir. Il est des vérités qui se concluent d'autres vérités, et c'est pour cela

que nous raisonnons. Outre ce que l'on voit d'ailleurs,
il y a ce que l'on sent, ce que l'on touche, ce que l'on
entend, ... Pour vous éclairer, si vous le voulez, et
aussi pour prévenir vos difficultés, réfléchissez à ceci :
N'y a-t-il pas des vérités que vous êtes forcé d'admettre
et d'autres que vous êtes libre d'admettre ou de rejeter ?
N'y a-t-il pas en vous, comme en nous, des sentiments
invincibles et d'autres qui ne le sont pas ? Des actions
libres et d'autres qui ne le sont pas ?

Le Barbu. En fait de vérités que je suis forcé d'admettre, je ne vois guère que les vérités mathématiques.
En fait de sentiments et d'actions non libres, je ne sais
que vous répondre.

L'instituteur. Vous n'êtes pas fait autrement que nous,
je pense. Vous admettez donc nécessairement comme
nous tout ce qui est évident soit intellectuellement, soit
moralement, soit physiquement. Vous ne pouvez nier
par exemple que l'œuvre appartient à l'ouvrier, que le
rien ne peut rien faire, que l'on doit faire le bien et
éviter le mal, que Paris existe, que les Prussiens nous
ont imposé cinq milliards, que le soleil brille en ce moment. On peut bien assurer que l'on doute de ces vérités, mais ce n'est que de la *blague*. Quant aux sentiments
invincibles, est-ce que vous n'aimez pas nécessairement
la félicité ? est-ce que vous ne vous aimez pas nécessairement vous-même ? Quant aux actions.... »

En ce moment, le Philosophe, qui avait cueilli une
orange sous l'œil du Maire peu satisfait, jeta cette orange
sur le Barbu placé en face de lui, et le Barbu évita le
coup en détournant la tête. Il allait se livrer à une colère

furieuse lorsqu'il fut arrêté par ces paroles du Philosophe :

« Tiens, voilà une action qui n'est pas libre chez toi. »

Et tous, y compris le Barbu et le Maire lui-même, nous nous mîmes à rire de bon cœur. Après quelques plaisanteries d'un goût plus ou moins douteux, M. Laroque, s'addressant toujours au Barbu, lui dit :

« Il vous est, je crois, démontré qu'il est des vérités irrésistibles, et c'est à cause de cela que nous sommes d'accord sur ces vérités ; nous disputons sur toutes les autres. Il vous est également démontré qu'il existe en nous des sentiments invincibles et des actions sans liberté. Pourriez-vous me dire d'où vient cette irrésistibilité des premières vérités et des premiers principes, si elle ne vient pas de Dieu ? Mais, surtout, pourriez-vous me dire qui imprime à votre cœur et à votre volonté une impulsion telle que vous êtes entrainé vers le bien en général comme une pierre vers la terre ?

Le Barbu. La raison en est bien simple, c'est notre nature, nous sommes ainsi faits.

M, Laroque. Réponse admirable, mon ami. Vous êtes tantôt maître des facultés de votre âme, et tantôt ces facultés sont maîtrisées indépendamment de vous. On vous demande qui les maîtrise dans ce dernier cas, et vous répondez je suis ainsi fait. Seriez-vous satisfait si vous me demandiez qui fait végéter la plante et que je vous répondisse, c'est la nature de la plante, elle est ainsi faite. La plante végète, c'est sa nature, comme la nature de l'homme est de penser et de vouloir ; mais il s'agit de savoir qui nous fait penser et vouloir dans les actes de l'intelligence et de la volonté qui ne sont pas libres.

Le Baylé. Vous ne connaissez pas le Barbu. Avec tout son esprit, il déraisonne toujours quand il s'agit de Dieu. C'est bien volontairement qu'il vous a répondu de travers. Il voit aussi bien que nous que Dieu est le soleil de nos intelligences, que Dieu seul peut exercer sur nous tous cette action qui rend la vérité irrésistible et la recherche du bien nécessaire ; mais rien ne le lui faira avouer.

Le Barbu. Tu m'insultes, Baylé.

Le Baylé. Non, je te dis une vérité et ne te fâche pas, tu sais que je ne suis pas endurant.

Le Barbu. Voilà comme tu es, toi. Tu insultes et tu menaces de ta colère. Il vaut mieux, pour le bien de la paix, que je me taise.

M. Laroque. A la question, mes enfants. Vous devez être convaincus maintenant que l'idée de la justice vient de Dieu qui nous éclaire et nous l'impose. Il nous faut prouver à présent que la présence de l'idée de la justice en nous nous donne le droit à la justice. Philosophe, ne pourriez-vous pas nous le prouver ?

Le Philosophe. Je sens bien qu'il en est et qu'il doit en être ainsi. Mais je ne puis en faire la preuve.

M. Laroque. Voyons. Nous avons reconnu que Dieu nous impose la justice ou, en d'autres termes, que la justice est obligatoire. De même que la conscience, qui est la voix de Dieu, nous dit à tous : *Tu dois faire le bien,* elle nous dicte aussi ce précepte : *Tu dois être juste.*

Ce précepte sommes-nous obligés de le suivre ou d'en faire la règle de nos actions ?

Le Philosophe. Incontestablement, c'est notre devoir.

L'Instituteur. Pardon, M. Laroque, vous devez être fatigué, et ici il me semble que je puis vous remplacer jusqu'à un certain point. Vous avez très-bien dit, Philosophe, c'est notre *devoir*, c'est-à-dire, c'est ce que nous *devons* faire, d'après la loi imprimée par Dieu dans notre conscience. Mais le devoir ne donne-t-il pas le droit ?

Le Philosophe. Ah ! bien, voilà la difficulté résolue. J'ai le droit de faire mon devoir et tous les autres sont obligés de respecter mon droit. Mes enfants sont capables de la justice, ils doivent être justes dès que la justice s'est manifestée à leur conscience, je dois respecter le droit qu'ils ont d'être justes et même leur jugement qui leur montre l'injustice de certaines actions et l'obligation de la justice pour tous.

L'Instituteur. J'admire, Philosophe, la manière dont vous suivez la discussion. On a été bien inspiré lorsqu'on vous a donné ce surnom de *Philosophe*. Vous pourrez sans doute me dire actuellement pourquoi le propriétaire est maître absolu des choses, tandis que son domaine ou son autorité sur les personnes est limité, ·

Le Philosophe : « C'est bien simple. Les choses n'ont pas de devoirs et par suite pas de droits. Les personnes ont des devoirs et des droits.

M. Laroque : « Vous comprenez maintenant, mes amis, que Dieu impose en maître les premières vérités et les premiers principes. Par cela seul que nous devenons raisonnables, nous entendons une voix qui nous

dit avec une autorité irrésistible : Cela est vrai, cela
est faux; ceci est juste, ceci est injuste ; cette chose est
bonne, celle-là est mauvaise; cet objet est beau, cet
autre est laid ; la vérité, le bien, le juste. le beau, c'est
la règle, la loi des pensées, des vérités et des actions.
Cette loi prend possession de la conscience avec une
égale autorité en lui intimant ces ordres irréfragables :
Tu dois être vrai, juste. bon en tout, et tous les êtres
intelligents doivent l'être aussi bien que toi. Nous pouvons désobéir à ces ordres souverains; mais le Dieu
qui parle à la conscience et par la conscience, nous fait
sentir son autorité suprême au sein même de notre ré-
volte, en nous forçant à formuler ce jugement : Tu es
coupable. Cherchons-nous à nier la loi ou seulement à
la mettre en doute? Nous ne pouvons y réussir, et,
malgré nous, elle rayonne dans notre âme. La preuve
en est palpable, puisque nous condamnons chez les autres ce que la passion nous fait justifier en nous-mêmes :
le voleur en appelle à la justice, s'il est lui-même volé,
et tous les prôneurs des faits accomplis, tous les glori-
ficateurs de la force invoquent la justice et le droit
violés en leur personne. La justice suprême est le dernier recours de tout opprimé, de toute victime aban-
donnée par les juges de la terre. La justice est donc le
fondement de l'autorité. En effet, l'autorité appartient
d'abord à l'auteur comme l'œuvre à l'ouvrier. Or, pourquoi mon œuvre m'appartient-elle? pourquoi l'enfant
dépend-il de son père et est-il obligé de lui obéir?

Le Baylé : « Parce que c'est juste. »

L'Instituteur : « Je puis continuer. L'autorité appartient.

encore à celui qui l'a reçue par délégation de l'auteur. Pourquoi cette délégation doit-elle être respectée dans le délégué comme dans le père ? »

Le Baylé : « Parce qu'elle est juste. »

Le Philosophe : « En sorte que si elle était injuste, elle serait sans valeur. »

L'instituteur : « C'est parfait. Mais il y a encore une autorité qui dépend d'un contrat, d'une convention. Pourquoi sommes-nous obligés d'être fidèles à ce contrat ? »

Le Baylé : « Parce que c'est juste. »

M. Laroque : « Ici la justice est moins évidente. Mais, comme l'heure du travail est arrivée, nous parlerons un jour de cette justice qui consiste à être fidèle à la parole donnée, pourvu que cette parole soit donnée avec droit. Nous avons acquis aujourd'hui de bien grandes vérités : L'autorité appartient à l'auteur et à ceux auxquels l'auteur la communique ; la justice la veut ainsi, et la justice est une idée que Dieu a imprimée dans notre nature comme une loi inviolable.

Le Barbu : « Quant à moi, je suis pour la justice indépendante, comme je suis pour la morale indépendante.

M. Laroque : « C'est-à-dire que vous admettez une loi sans législateur. Vous vous placez non-seulement en dehors du christianisme, mais en dehors même de la raison humaine, telle qu'elle brille chez les païens. Ecoutez Cicéron, vous ne prendrez cet auteur là ni pour un réactionnaire ni pour un clérical : » La loi, dit-il, est la raison suprême, imprimée dans la nature, qui commande ce que l'on doit faire et défend ce que l'on ne doit pas faire. Cette raison, lorsqu'elle est confirmée et formée dans l'intelligence de l'homme, est alors la loi... C'est le sentiment des hommes les plus sages que la loi n'a pas été inventée par le génie humain, qu'elle n'est pas décrétée par les peuples, mais qu'elle est une chose éternelle qui doit diriger tout le monde et servir d'exemplaire à tous les ordres et à toute les défenses. » Mais en voilà bien assez pour aujourd'hui. »

TROISIÈME ENTRETIEN

D'OÙ VIENT LE DROIT DE GOUVERNER LES PEUPLES ?

D'UN CONTRAT OU QUASI-CONTRAT

ENTRE

LES GOUVERNANTS ET LES GOUVERNÉS.

Le lendemain, nous étions tous réunis au lieu et à l'heure accoutumés. M. Laroque entra ainsi en matière :
« Dans les deux entretiens précédents, nous avons cherché d'où vient le droit de gouverner. Nous avons vu que l'autorité appartient à l'auteur et que celui-ci peut disposer de son autorité en faveur d'autres personnes ; que ce droit est fondé sur la justice et par conséquent limité par la loi de la justice ; que la justice enfin trouve son fondement nécessaire en Dieu, la Justice suprême. Il résulte de là que Dieu étant notre auteur absolu a

4

une autorité absolue sur nous et qu'il peut déléguer son autorité à d'autres personnes, en la limitant selon sa sagesse et sa justice ; que les pères et les mères n'étant que l'œuvre et les instruments de Dieu, ont une autorité subordonnée à celle de Dieu, par conséquent à la justice et à la sagesse ; que toute autorité enfin est nulle de soi, lorsqu'elle se met en opposition avec celle de Dieu, avec sa raison et sa justice.

« Il nous faut aborder maintenant la deuxième question : *D'où vient le droit de gouverner les peuples ?* Voyons mes amis, pouvez-vous répondre à cette question ? »

Excepté l'instituteur, tous répondirent : « Ce droit vient du peuple. »

M. Laroque : « Mais qu'entendez-vous par le peuple ? »

Les réponses se multiplièrent, et nous entendîmes *le Baylé* dire : « C'est la majorité », *le Barbu* : « C'est nous autres », *M. le Maire :* « C'est tout le monde. »

M. Laroque : « M. l'institeur, ne pouvez-vous pas les mettre d'accord ? »

L'instituteur : « C'est impossible, si chacun garde son opinion. Le peuple ne peut-être tout à la fois *nous autres, la majorité* et *tout le monde* ; en un sens, tout le monde est bien le peuple, mais cela donne du peuple une idée trop vague. »

Le philosophe : « Vous vous arrêtez trop aux mots. Si vous preniez la pensée, vous trouveriez l'accord. En disant *nous autres*, le Baylé entend les ouvriers qui sont *la majorité* du peuple, majorité qui est censée *tout le monde*, car on prend toujours la majorité des votants. »

M. Laroque : « Mais tout cela ne nous dit pas ce que c'est que le peuple, un des mots les plus équivoque de notre vocabulaire. Par opposition à la bourgeoisie, on appelle *peuple* tout ce qui est considéré comme étant d'un rang inférieur : le peuple renferme alors les artisants, les ouvriers, les mendiants, etc... On considère quelquefois la classe réputée la plus basse, on l'appelle *peuple*, et on distingue dans le peuple ainsi entendu la partie saine de cette partie que l'on nomme *la lie du peuple*. Le mot *peuple* signifie encore *foule, ensemble* : le peuple des ouvriers, des bourgeois, des journalistes, des savants, le peuple des gentils, des nations. Enfin, pour en finir, car nous ne terminerions jamais, si nous voulions tout dire, *peuple* signifie *nation*, et ici encore il y a trois sens, puisqu'il désigne tantôt la nation toute entière, gouvernement et gouvernés, tantôt les gouvernés ou les sujets seuls, et tantôt le gouvernement. »

Le Philosophe : « Mon intelligence est trop faible pour se reconnaître au milieu de tant d'acceptions diverses. Vous devriez bien nous faciliter ce travail qui nous paraît de plus en plus difficile. »

M. Laroque : « J'allais vous le proposer. Pour éviter tout malentendu, nous appellerons, si vous y consentez, *société nationale* la nation entière, composée du gouvernement et des gouvernés ; quant au gouvernement et aux gouvernés, nous les désignerons sous les noms que je viens de prononcer, et nous dirons *gouvernement futur gouvernement réalisé* ou existant, *gouvernés futurs, gouvernés actuels*, suivant qu'il s'agira du projet de société politique ou de ce projet déjà réalisé. Nous serons encore obligés de distinguer les gouvernés, soit futurs, soit actuels, en *actifs* et *passifs* : vous comprendrez bientôt la nécessité de cette distinction. Cela entendu, voici ce que je vous propose, toujours dans l'intérêt de notre recherche : Nous avons reconnu que l'origine de l'autorité se trouve d'abord dans l'auteur. Si nous pouvons découvrir quel est l'auteur de la société nationale nous saurons d'où provient l'autorité gouvernementale et à qui elle appartient. »

Tout cela ayant été admis, M. Laroque, comptant sur l'intelligence que j'ai de son enseignement sur cette matière, me laissa momentanément la direction de notre entretien qui continua de la sorte :

L'instituteur : « Qui est l'auteur de la société nationale ? Est-ce les gouvernés, une partie, la majorité ou tous ? Est-ce les gouvernants ? Ou bien, enfin, est-ce les gouvernants et les gouvernés ? Vous comprenez que nous nous plaçons à l'origine des choses et qu'il s'agit de la formation régulière de la société nationale et d'une formation violente ou injuste.

Le Barbu : Selon moi et selon tous les démocrates, c'est le peuple ou les gouvernés, par conséquent la majorité, par conséquent les ouvriers. »

L'instituteur : « A l'origine, mon cher Barbu, il n'y avait pas d'ouvriers dans le sens que nous donnons aujourd'hui à ce mot ; il n'y avait pas encore de gouvernés ou de nation ou de peuple, puisque la société nationale n'existait pas encore, en sorte que le peuple, accusé d'avoir fait cette société, aurait pu répondre comme l'agneau au loup :

« *Comment l'aurais-je fait si je n'étais pas né ?* »

Afin que vous saisissiez bien mon idée, permettez-moi une question : Quelle société avaient les hommes, avant la formation des sociétés civiles ?

Le Barbu : « Ils n'en avaient pas. Je vous l'ai dit un de ces jours, ils étaient à l'état d'individus, libres, égaux, indépendants. »

L'Instituteur : « Et vous persévérez dans cette réponse, malgré tout ce que M. Laroque vous a fait avouer ?

Le Philosophe : « C'est inutile que vous attendiez une réponse de la part du Barbu. Il n'avoue jamais qu'il s'est trompé, alors même qu'il en est convaincu. »

Le Barbu : Tu as peut-être raison. Mais, en ce moment, je me sens disposé à te faire mentir, et j'avoue qu'avant tout gouvernement public, il y avait des familles. »

L'Instituteur : « Et ces familles, supposez qu'elles n'obéissent pas à un père commun, qu'elles fussent émancipées, séparées d'intérêts, formaient-elles une société nationale ? Evidemment, non. Et bien, dans le cas où elles auraient voulu en former une, pensez-vous que tous les membres de ces diverses familles auraient pris part à cette formation ? »

Le Barbu : « Sans doute. »

L'Instituteur : « Quoi ! Vous donnez le droit de former un gouvernement aux femmes, aux enfants, même à ceux qui sont au maillot ? »

Le Philosophe : « Il me semble, M. l'Instituteur, que vous marchez bien lentement. Si les camarades sont de mon avis, je vous dirai que nous comprenons que, selon vous, les pères ont seuls le droit de former une société politique, quoique tous leurs enfants et leurs femmes doivent être gouvernés comme eux. C'est pour cela sans doute que M. Laroque divise les gouvernés en actifs et passifs quant à la formation de la société nationale. Cela me parait difficile à digérer. »

L'INSTITUTEUR : « Nous reconnaissons ce droit en tous ceux qui ne dépendent que de Dieu. Outre les pères de famille, il y a donc tous les émancipés. »

LE PHILOSOPHE : « Si vous l'entendez ainsi, votre opinion me paraît raisonnable, quoique, jusques ici, je n'y eusse pas pensé. Je regardais la société politique comme composée directement d'individus, et je vois qu'elle est un composé de familles, dont les pères sont les représentants naturels. Cette idée pourrait, ce me semble, servir de base à une bonne loi électorale. Mais avançons, si vous le voulez, car si je vous avais laissé faire, vous vous disputeriez en ce moment avec le Barbu sur le droit électoral des femmes et des enfants. »

L'INSTITUTEUR : « J'avais bien raison de vous dire dernièrement que vous êtes un philosophe. Mais voici une question bien importante : Pour former une société politique, suffit-il de la majorité des pères de famille et des émancipés ? »

LE BARBU : « Je crois devoir répondre affirmativement. »

L'INSTITUTEUR : « Et d'après quel principe ? »

LE BARBU : « Parbleu, d'après le principe républicain de la majorité ? »

L'INSTITUTEUR : « En sorte que ces hommes que vous prétendiez tous indépendants et qui dépendent, ainsi

que nous l'avons vu , de leur père, de leur mère, de
la justice et de Dieu , dépendent encore, selon les
républicains, de la majorité de leurs semblables. Mais
comment pouvez-vous me prouver que je suis obligé
de me soumettre à .la majorité ? Voilà trois hommes,
trois pères indépendants, s'ils sont éloignés les uns des
autres ; sont-ils réunis, il y en a un qui devient aussitôt
l'esclave de deux autres, si ces deux sont d'accord contre
lui, ces deux là seraient-ils des imbéciles ! Et vous
appelez cela un principe ! »

Le Barbu : « Mais il le faut bien, sinon toute société
est impossible. »

L'Instituteur : « Même la famille, n'est-ce pas ?
même une société commerciale ? Réfléchissez, cher
Barbu, et vous verrez que lorsque des hommes libres
s'associent, le consentement de tous les associés est
nécessaire. Donc des pères de famille indépendants ne
deviendront membres d'une société politique que s'ils y
consentent, et y en aurait-il un seul auquel cette société ne
conviendrait pas, celui-là resterait dans son indépendance
et serait étranger à cette société. Vous voyez que nous
respectons la liberté bien plus que vous, car pour former
une société, nous exigeons l'unanimité des contractants.
N'oubliez pas que nous sommes à la première origine.
Nous verrons bientôt comment survient le principe de
la majorité et sur quoi il repose. »

Le Philosophe : « Vous me rendez bien bavard aujourd'hui ; mais il faut que j'approuve, tant c'est lumi-
neux. Qu'en dis-tu, Baylé ?

Le Baylé : « C'est tellement nouveau pour moi, tellement contraire à ce que nous disent les journaux, que je ne puis me persuader que ce soit vrai, si clair que cela me paraisse. »

M. Laroque : « Et vous n'avez pas le courage, n'est-ce pas, d'admettre des idées qui ne courent pas les rues ? Voilà une fière indépendance ! Mais ne nous écartons pas de la question. »

L'instituteur : « Le consentement unanime des associés est nécessaire à l'origine d'une société ; mais ce consentement suffit-il pour donner l'existence à la société ? »

Le Baylé : « Qui pourrait en douter ? »

L'instituteur : « Vous-même, car vous comprendrez qu'un projet, même accepté de tous, n'est pas un projet réalisé. Une supposition vous fera d'ailleurs toucher tout cela au doigt. Figurez-vous que ce village est en réalité ce qu'il est quelquefois par l'accident des inondations, une île. Représentez-vous cette île indépendante de tout gouvernement, même local, et habitée, comme elle l'est en ce moment, par quelques individus majeurs, émancipés, parmi lesquels se trouve M. Laroque, et, si j'ai bonne mémoire, par cinquante trois familles. Sentant le besoin d'être protégés contre quelques vauriens, que nous nous garderions bien d'admettre dans notre société et qui d'ailleurs ne voudraient pas en être ; nous voyant dans la nécessité de nous entendre pour des intérêts généraux, et de nous protéger contre nos passions mutuelles nous nous décidons à former un gouvernement. Aussitôt se présente cette question : Quelle forme de gouvernement établirons-nous et quelle constitution adopterons-nous ? Cette question résolue, notre société sera-t-elle existante ! Non, car il faudra choisir le gouvernant ou les gouvernants , suivant la forme adoptée. Cela fait, aurons-nous terminé ? Bien s'en faut, car si quelque chose est indispensable c'est l'acceptation de la personne ou des personnes appelées par nous à gouverner. Elles peuvent refuser d'accepter notre projet. si réfléchi qu'il soit, ne l'accepter qu'avec des modifications, en un mot, nous imposer leurs conditions. Nous en avons de nos jours un exemple frappant : ne voyons-nous pas M. Thiers mettre de temps en temps le marché à la main de l'Assemblée et lui faire une sorte de violence morale pour qu'elle admette ses idées administratives, législatives et constituantes ? Notre société ne deviendra donc réelle que lorsque le gouvernement, choisi par nous, consentira à nous gouverner d'après une loi voulue par lui et par nous.

Le Barbu : « Tout ce que vous dites là me paraît très-raisonnable à l'exception d'une chose : Vous supposez que nous pouvons choisir la forme de gouvernement qui nous plaira. Nous ne pouvons l'admettre, puisque nous prétendons que la République est le seul gouvernement de droit. »

L'instituteur : « Cette question sera traitée plus tard. Actuellement, nous cherchons comment se forment les sociétés nationales en général et dans quelles conditions cette formation est légitime. Nous établissons des principes, afin de pouvoir distinguer un gouvernement qui a le droit pour lui de celui qui en est privé. Nous nous rapprochons du but, car, d'après ce que nous

avons dit dans cet entretien, il est incontestable que
toute société nationale est fondée sur un contrat ou un
quasi-contrat, exprès ou tacite entre le pouvoir et les
sujets...

Le Baylé : « Vous me faites bondir d'indignation.
Je ne comprends pas qu'un homme puisse se rendre
l'esclave d'un autre homme. Quant à nous, nous voulons
la liberté, et nous vous regardons comme des hommes
de l'ancien régime, des réactionnaires, des....

M. Laroque : « Des *rococos*, dites-le donc, puisque
vous l'aviez au bout de la langue ; je ne me fâcherai
pas pour si peu. Ce qui me fâche, c'est que vous vous
emportiez pour une expression dont M. l'instituteur
aurait dû se dispenser pour ne pas blesser vos préjugés,
mais qui est vraie au fond. »

Le Baylé : « Vraie ! Tenez, il vaut mieux que je m'en
aille, vous me feriez sortir des gonds. »

M. Laroque : « Vous feriez bien mieux d'écouter ma
réponse afin de l'admettre, si vous la jugez raisonnable,
ou de la rejeter, dans le cas contraire. Ce qui vous
trompe, mon cher ami, c'est que vous confondez le sujet
avec l'esclave. Sujet signifie subordonné, soumis, gouverné. Vos enfants sont vos sujets, ils ne sont pas
cependant vos esclaves. Vous ne pouvez être bon démocrate qu'à la condition d'admettre comme lois les justes
volontés du peuple. En votant pour la démocratie, vous
vous rendez le sujet du peuple. »

Le Barbu : « Sophisme. Nous voulons la vraie République, parce qu'alors nous serons les gouvernants. »

M. Laroque : « Vous serez au nombre des gouvernants, si vous êtes avec la majorité qui fait la loi, mais au nombre des gouvernants législatifs, et à moins que vous ne vouliez l'anarchie, il faudra que vous obéissiez à la loi votée par vous, que vous en soyez le sujet. Vous serez même le sujet de ceux que, d'accord avec la majorité, vous aurez revêtu du pouvoir exécutif. Seriez-vous membre de ce pouvoir, votre devoir serait d'agir pour imposer la loi, par conséquent en serviteur, en sujet de la loi. Mais avec le tempéramment que vous avez, vous ne seriez pas toujours avec la majorité et, dans ce cas, vous ne seriez pas gouvernant, même en partie. Et remarquez, que j'ai supposé que les électeurs font eux-mêmes la loi et en nomment les exécuteurs. Mais, dans un grand pays, cette manière de procéder est impossible. Vous ne serez donc au nombre des gouvernants que par votre représentant, si votre représentant vote avec la majorité et dans le cas où votre représentant vous représentera réellement, c'est-à-dire, votera conformément à votre opinion. Quoiqu'il en soit, vous serez toujours le sujet de la loi. »

» Vous avez dû remarquer que je me sers toujours du mot de *Démocratie* et presque jamais de celui de *République*. En voici la raison : Le mot *République* signifie *chose publique,* et, en ce sens, tout gouvernement est une république, et nos rois eux-mêmes se servaient quelquefois de ce mot ; tandis que *Démocratie* signifie *gouvernement du peuple.* Or, sachez-le bien mes enfants, dans la société constituée démocratiquement, la majorité mobile des citoyens actifs est déclarée souveraine par l'unanimité de ces citoyens, car il est *nécessaire*, dans ce système de gouvernement, que *tous consentent à recevoir comme lois les décisions de la majorité en tout ce qui n'est pas évidemment contraire à la nature des choses et à la justice qui est la seule garantie des minorités contre les majorités.* Pourquoi cela? Parce qu'il est impossible que les citoyens soient toujours d'accord. Mais si c'est dans la majorité mobile des citoyens actifs que réside la souveraineté ou dans leurs représentants ou dans le gouvernement, tous les citoyens actifs et passifs sont gouvernés ou sujets. Vous ne pouvez changer cela, parce que c'est dans la nature des choses. Si vous le changez, je le répète, l'anarchie seule règnera pour notre malheur à tous. On a beau faire, le gouvernement gouverne, les gouvernés obéissent, sinon, il n'y a plus de société nationale. »

Le Philosophe : « Compris. Mais ce que je ne comprends pas c'est le contrat ou quasi-contrat, exprès ou tacite de M. l'instituteur. Je vois parfaitement que la société politique repose sur une convention entre les gouvernants et les gouvernés. Je ne vois pas ce que signifie une quasi-convention, expresse ou tacite. »

L'instituteur : « Vous me faites bien de l'honneur, cher philosophe, en m'attribuant ce qui remonte au commencement des siècles et ce qu'ont enseigné les plus grands philosophes aussi bien que nos plus célèbres docteurs catholiques, ce dont je remercie Dieu, le Dieu qui nous a couronnés de l'auréole de la liberté. Pour comprendre cette définition du fondement social, remarquez, je vous prie, que l'on peut donner son assentiment à un contrat déjà fait par d'autres ; on peut même le donner à un gouvernement qui s'est imposé par la violence ou par la ruse. Dans ces cas et autres semblables, on ne peut pas dire que l'on a fait un contrat, on y adhère seulement et, par cette adhésion, on est lié comme si on l'avait fait soi-même. Or cette adhésion on peut l'exprimer d'une manière formelle ou par des actes qui la supposent. Dans le premier cas, il y a consentement exprès ; dans le second, consentement tacite ou sous-entendu. »

Le Philosophe : « Il y a plaisir à converser avec vous, on apprend toujours quelque chose de nouveau et d'utile. »

Le Barbu : « Oui, mais on a besoin de n'accepter que sous bénéfice d'inventaire. »

M. Laroque : « Nous exprimons ce que nous croyons vrai, après avoir longtemps étudié et réfléchi sans passions et sans idées préconçues, au moins en ce sens, car nous partagions un peu les idées de notre siècle. Vous êtes libre d'admettre comme de rejeter le fruit de nos études et de notre expérience.

» Mais le temps du repos est presque à son terme. Il me semble que nous l'avons bien employé puisque nous savons actuellement comment se fonde primitivement une vraie société nationale. »

Le Baylé : « Sans doute, c'est par l'élection ou l'adhésion des pères de famille et des émancipés. »

M. Laroque : « Vous parlez aussi bien que si vous disiez qu'un contrat est fait par une seule des parties contractantes. N'avons-nous pas vu que le contrat social est le fruit du consentement mutuel des gouvernants et des gouvernés ? »

Le Barbu : « Cela n'empêche pas que ce sont les personnes indépendantes, unies par le désir de s'associer, qui forment le gouvernement. »

M. Laroque : « Mais pas sans le consentement de celui-ci. Je vois qu'il est nécessaire de vous faire mieux saisir cette vérité par une comparaison. Admettons que nous tous ici réunis, animés du désir de former une seule famille, nous choisissions M. le Maire pour notre père par adoption. Pourrons-nous l'obtenir pour père, s'il n'y consent pas ? Pas plus qu'il ne pourrait nous prendre pour ses enfants adoptifs, sans notre volonté, car nous sommes majeurs. S'il devient notre père, il sera très vrai que nous l'avons choisi ; mais ce ne sera pas notre choix qui l'aura rendu père, ce ne sera pas non plus son consentement, ce sera notre consentement mutuel ou notre contrat. De même, si nous devenons ses enfants, il sera incontestable qu'il nous aura choisis ; mais nous ne serons ses enfants ni en vertu de son choix seul, ni en vertu de notre consentement isolé, nous le serons en vertu de l'un et l'autre réunis, c'est-à-dire en vertu de notre contrat avec lui. Nous pourrons dire que nous l'avons fait notre père, comme il pourra dire qu'il nous a fait ses enfants ; mais ici *faire* signifie *choisir*, car tout se fait par la volonté réciproque. D'où il suit, et cette remarque est d'une importance extrême, que son autorité sur nous et notre subordination à son égard viennent de la nature du contrat par lequel il nous prend pour ses enfants,

tandis que nous le prenons pour père. Donc le contrat
ou le quasi-contrat social est l'origine de l'autorité du
gouvernement et de la subordination des gouvernés.
Dans le cas où l'on établit la démocratie, la majorité
devient gouvernement, ainsi que nous l'avons dit, et
tous ceux qui s'associent se soumettent à ce gouvernement. »

Le Philosophe : « Tout cela me paraît saisissant de
vérité, et néanmoins, il me semble toujours que les
gouvernants sont nos délégués, par conséquent nos inférieurs, nos commis, dirait le Barbu. »

M. Laroque : « L'erreur est facile à comprendre,
car si, d'un côté, nous nous subordonnons, en l'adoptant, au pouvoir par lequel nous sommes adoptés, de
l'autre, il semble qu'il y a une délégation. Cela provient
de ce que, comme individus, nous consentons à être
gouvernés et à nous constituer par suite les inférieurs
du pouvoir établi par le contrat ; mais, agissant aussi
comme pères de famille, il semble que nous déléguons
une partie de notre pouvoir paternel au gouvernement.
Là est l'erreur, qu'il est facile de dissiper. En nous
soumettant au pouvoir, nous ordonnons à nos enfants
de s'y soumettre avec nous et de respecter le contrat
social que nous faisons en notre nom et au leur, en tant
que leurs représentants naturels. Or, par cet acte, nous
nous subordonnons, nous et notre autorité, à l'autorité
publique, mais nous ne lui déléguons pas notre autorité,
puisque cette autorité résulte de la nature du contrat
social et que, d'ailleurs, nous n'avons pas d'autorité sur
nous-mêmes. Quant à nos enfants, ils doivent à ce contrat

le respect qu'ils doivent à la volonté de celui que Dieu leur a donné pour chef. »

Le Barbu : « Vous jetez admirablement la poudre aux yeux. Mais vous avez beau faire, vous ne réussirez pas à m'aveugler. Je vois trop bien que dans toutes les sociétés commerciales, les commis sont tout à fait à la disposition de leur chef. Les gouvernants sont des commis que l'on jette à la porte, si on n'en est pas content.

« Vous ne me ferez jamais admettre non plus que les enfants, au moins les majeurs, soient obligés de s'en tenir au contrat fait par leurs pères. Malgré toutes vos subtilités, je suivrai toujours la lumière de la liberté. »

M. Laroque : « Et ce sont vos fausses idées de liberté qui vous empêchent de voir. Vous confondez les sociétés politiques avec les sociétes commerciales, et vous jugez celles-ci par celles-là seulement qui sont le plus à la portée de votre observation. Un gouvernement gère les affaires de la nation, mais il ne fait aucun négoce, et, s'il reçoit l'impôt, ce n'est pas pour spéculer, c'est pour payer les dépenses exigées par l'intérêt commun. Si, ne voulant pas négocier par eux-mêmes, les associés d'une maison de commerce constituent un gérant ou un fondé de pouvoir, celui-ci n'a que la direction des affaires dans les limites posées par l'acte qui le constitue, mais il n'acquiert aucune autorité sur les personnes, dont la confiance l'a élevé à cet emploi, tandis que, par cela seul que l'on constitue un gouvernement, on le constitue comme souverain, c'est-à-dire comme législateur, surveillant, juge, chef de l'armée, de l'administration, dans les limites de la constitution ou contrat social : etc. Il en est ainsi, même dans le gouvernement démocratique s'exprimant par la voix de la majorité, dont les décisions souveraines sont des lois que l'on impose à tous les citoyens, si l'on est fidèle à l'esprit de cette forme gouvernementale.

» A cette confusion des sociétés politiques avec les sociétés commerciales, vous en ajoutez une autre qui trouve sa cause dans les diverses acceptions du mot *gouvernement*. A proprement parler, le gouvernement est le souverain, qu'il soit une seule ou plusieurs personnes, une ou plusieurs assemblées ; mais on appelle aussi gouvernement ce qui n'en est qu'une partie et même ceux qui sont seulement ses agents. Or tout ce qui est vraiment souverain ou partie de souverain est inviolable et inamovible de sa nature, tout le temps qu'il gouverne d'après la constitution ; mais les agents du gouvernement sont amovibles et peuvent être considérés comme des commis. »

Le Maire : « Je ne sais si je me trompe, mais il me semble que les commis sont des ouvriers comme les autres, et cependant les ouvriers républicains qui réclament si vivement leur droits contre les maîtres ou patrons me semblent traiter bien cavalièrement les gouvernants qu'ils considèrent comme leurs ouvriers. Je sais que je ne puis sans de graves raisons renvoyer mes valets de ferme loués pour un an, avant que cette année soit écoulée, et alors même que je les renvoie pour de bonnes raisons je m'expose à un procès. On m'a élu Maire pour cinq ans, et un grand nombre de ceux qui m'ont élu voudraient me mettre à la porte aujourd'hui sans jugement et sans appel. »

Le Baylé : « Si, avec appel au peuple. Mais que dites-vous, amis, de notre Maire. Il ne parle pas souvent, mais, quand il s'y met, il parle bien. »

M. Laroque : « Allons au travail, enfants. M. le Maire sera en perte d'aumoins un quart-d'heure. »

Le Maire : « Je ne le regrette pas. »

QUATRIÈME ENTRETIEN

LA RÉPUBLIQUE

EST-ELLE

LE SEUL GOUVERNEMENT DE DROIT ?

Le jour de cet entretien, les journaux avaient apporté
la nouvelle de la candidature Barodet contre M. de
Rémusat. Un peu avant l'heure fixée, je me rendis chez
M. Laroque pour lui apprendre ce fait incroyable et
pour recevoir ses impressions. Chemin faisant, je lui
lus les réflexions d'un journal conservateur sur ce futur
combat électoral, et, contre son ordinaire, M. Laroque
garda le plus profond silence. Etonné, je l'interrogeai,
et voici le sens de sa réponse : « Je ne pensais qu'à
l'influence qu'aura cette nouvelle sur notre entretien
d'aujourd'hui. Quant au fait en lui-même, je m'atten-

dais à des candidatures ultra-radicales et je savais bien que Barodet ne serait pas oublié. La seule chose qui me surprenne c'est de le voir porté à Paris. Je croyais que l'on aurait plus de ménagements pour *l'ami* Thiers. Probablement, cela arrive contre la volonté de Gambetta qui sera obligé d'avaler *ce crapaud.* » J'exprimai alors l'opinion que M. Thiers saurait bien éluder ce candidat ou du moins en triompher ; mais M. Laroque ne partage pas cette opinion. « Ne vous y trompez pas, me dit-il, l'air est chargé d'électricité radicale et communarde, grâces au machiniste Thiers, et il ne jaillira des élections du 27 avril et du 11 mai, que des radicaux pur-sang, à une ou deux exceptions près. Les conservateurs en seront surpris comme d'un coup de tonnerre, et ils ne comprendront même pas que, vu l'état intellectuel et moral de la France en ce moment, le résultat ne pouvait être différent. Depuis quelques mois, depuis surtout que l'on a mis en avant la République conservatrice, le radicalisme a fait autour de nous des progrès extraordinaires. On dirait une épidémie. » J'avais lancé mon maître vénéré et je l'écoutais avec bonheur. Aussi ce ne fut pas sans désappointement que je vis apparaître M. le Maire, mon maître selon la loi, dont la présence mit fin aux confidences de M. Laroque. Cependant, nous nous saluâmes gracieusement, et tous ensemble nous fûmes joindre nos agriculteurs déjà réunis dans la serre, tout en causant de la gelée des vignes, question sur laquelle M. le Maire avait la langue très-déliée.

Dans la serre, la conversation était fort animée, grâce à la présence d'un personnage étranger à la localité, parfaitement connu de moi, mais inconnu à M. le Maire qui répondit à son salut fait selon la mode militaire : « Qui êtes-vous, Monsieur, et que faites-vous ici ? » — « Je suis, riposta le personnage, d'un ton qui frisait l'insolence, je suis l'ami du Barbu, et, comme il m'a parlé de vos entretiens, j'ai été curieux d'y assister. Je suppose que ma présence ne sera pas de trop.. » — « Je n'en sais trop rien, dit le Maire, et je trouve curieux que vous vous introduisiez ainsi sans me consulter.. » — « Allons, citoyen, pas tant de façon. Vous n'avez pas peur sans doute que je vous mange, et la recommandation du Barbu doit suffire pour me justifier. » Le Barbu prenant alors la parole dit qu'en temps de République, on pouvait agir librement et que d'ailleurs il obéissait au proverbe : un invité peut en inviter un autre. ·

M. Laroque n'était pas, bien certainement, enchanté de la présence de ce nouvel interlocuteur, dont la physionomie ne lui plaisait guères. Il comprenait que c'était un aide que le Barbu avait appelé, et il craignait que toutes les vérités déjà acquises ne fussent de nouveau mises en discussion. Mais ne pouvant le renvoyer sans indisposer les cultivateurs présents, il se garda bien de suivre la voie tracée par le Maire. Il dit donc à l'intrus : « Quoique nous n'ayons pas l'honneur de vous connaître, nous vous acceptons sur la présentation du Barbu. Seulement, permettez-moi d'y mettre une condition, et vous êtes trop raisonnable pour la rejeter. Cet entretien est la suite de trois autres dans lesquels nous sommes parvenus à nous entendre sur certains points. Nous vous prions de ne pas nous forcer à revenir sur les matières traitées. » — « Comment, Monsieur, il n'osa pas dire citoyen, vous craignez donc bien que je démolisse ce que vous avez essayé de bâtir ? » — « Pas le moins du monde, Monsieur, mais nous ne voulons pas perdre notre temps. D'ailleurs, si vous avez des difficultés sérieuses, vous pourrez venir me trouver, j'essayerai de les résoudre. » — « Allons, vous reculez, et vous vous réfugiez dans le huit-clos, afin de pouvoir vous vanter de m'avoir battu, ou du moins, afin que mes amis ne soient pas témoins de votre défaite. » — « Vous pourrez amener vos amis, si cela vous plait, Monsieur. »

Quel était donc cet homme qui le prenait de si haut ? C'était un courtier en vin, auquel ses amis ont l'habitude de dire qu'il a toujours *commercé envain*. Et réellement, son métier l'a quitté, non pas à cause de sa paresse ou de son incapacité, mais à cause de certaines distractions que l'on a pris pour des indélicatesses, je ne veux pas me servir d'une expression plus sévère et peut-être plus méritée. Habitué à déguster les vins en véritable connaisseur, il était devenu un gourmet ; mais il était souvent condamné à des liquides indignes à cause de son peu de ressources. Mais, grâce à la République, ses affaires se sont tout-à-coup améliorées. Doué de la faconde intarrissable du célèbre Gaudissart, remuant ses longs bras avec la majesté d'un télégraphe ancien régime, courbant sa grande taille comme pour se mettre à la portée de ceux auxquels il adresse la parole, ayant la physionomie ouverte et bon-enfant, quoique son regard soit privé de franchise, il s'est lancé dans les clubs et affilié aux francs-maçons, fait la propagande dans les cafés, sollicite des signatures et des souscriptions pour la sainte cause, et domine, le verre toujours à la main, les pauvres hères qui le prennent pour un chef habile. Son nez rouge commence à tourner au violet, l'abdomen progresse en avant, tandis que l'intelligence et la moralité diminuent de manière à désespérer son excellente famille. Cependant, il y a encore de bons germes qui n'ont pas été tout-à-fait étouffés. Espérons que les circonstances les feront renaître et que sa faiblesse, sa vanité et ses appétits ne le pousseront pas jusqu'au bout de la voie malheureuse dans laquelle il est entré.

Pintard est son nom. Il connaît M. Laroque, quoique celui-ci ne le connaisse pas. Il est venu sur les instantes sollicitations de nos interlocuteurs, parce qu'il n'a pu refuser. Mais il craint notre *Rococo* et sa crainte lui a fait exagérer son insolence. Dès qu'il eut promis de ne pas remettre sur le tapis les questions déjà traitées, l'entretien reprit de la sorte.

M. LAROQUE : « Il est toujours bon de récapituler les idées acquises ; mais, à cause du nouvel interlocuteur qui nous survient, ce qui est toujours bon devient nécessaire. Voici donc les idées que nous avons admises, après discussion :

« Maître de ce que l'on fait, on peut en disposer comme on l'entend, à la seule condition d'écouter la raison, la sagesse, la justice,

« Auteur de choses, on en est le propriétaire ; auteur de personnes, on a juridiction sur elles.

« Le père a juridiction sur ses enfants comme l'ouvrier est le maître de son ouvrage, mais avec la différence qui résulte de la nature des personnes et des choses.

« Les personnes ont des devoirs et par une suite nécessaire des droits, tandis que les choses n'ont ni devoirs ni droits.

« Le pouvoir politique n'est pas, comme le père de famille, l'auteur de ses sujets.

« Mais il peut acquérir des sujets comme un père peut, par l'adoption, acquérir des enfants.

« Or l'adoption est un contrat dans lequel celui qui veut devenir père constitue comme ses enfants des enfants qu'il n'a pas faits, mais qu'il choisit ou accepte, tandis que ceux qui veulent devenir enfants constituent, s'ils sont majeurs, comme père celui qui consent à le devenir. Le père adopte les enfants, les enfants adoptent le père, et la famille adoptive est constituée par ce contrat mutuel. Si les enfants adoptés sont mineurs, ils sont représentés par ceux qui ont naturellement autorité sur eux, et, dans ce cas, il y a quasi-contrat entre le père adoptant et les enfants mineurs adoptés.

« Maintenant, je vous demande, mes amis, si un tel père, quoiqu'il ne soit pas père par nature, n'est pas l'auteur de sa famille ; s'il n'acquiert pas sur cette famille l'autorité nécessaire pour la conserver et pour la perfectionner ; en un mot, s'il n'est pas père, quoique ses enfants aient contribué à la formation de la famille et que lui ait besoin du service de ses enfants pour le bien général ?

« Il en est de même d'une cité, d'une nation. Le pouvoir adopte les pères de famille et les personnes émancipées, qui l'adoptent en leur nom et au nom de leurs subordonnés. En les adoptant pour les gouverner le pouvoir les constitue comme sujets ; ceux-ci, en adoptant un individu ou plusieurs pour gouverner, le constituent ou les constituent comme pouvoir, et de ce contrat entre les gouvernants et les gouvernés résulte la cité ou la nation.

« Les philosophes ont donc bien raison d'appeler les souverains des pères. Ce sont en effet des pères d'adoption et ils ont l'autorité de père, parce qu'ils en ont la charge et les devoirs, et qu'ils doivent en avoir les sentiments.

« De tels pères ne le sont qu'en vertu d'un consentement mutuel, et c'est pour cette raison que les mêmes philosophes comparent le contrat social à celui du mariage. Le pouvoir, dans cette comparaison, représente l'époux ; les gouvernés, considérés comme contractants, représentent l'épouse ; considérés comme sujets, ils représentent les enfants,

« Je dois enfin rappeler, à cause de M. Pintard, que nous avons établi qu'à l'origine de la société, le consentement unanime de tous ses membres, soit par eux-mêmes, soit par leurs représentants naturels ou autres, est absolument nécessaire. Un homme indépendant de tout autre homme ne peut évidemment appartenir à une société sans le vouloir. Si on l'y faisait entrer par force, il y entrerait comme esclave et non comme citoyen. »

« M. Pintard : « Je n'admets pas ces idées, malgré leur enchaînement admirable. Je vous dirai plus tard mes raisons ; pour le moment, je vous promets de les respecter. »

M. Laroque : « Nous arrivons maintenant au cœur, de la question. D'après ce qui précède, il est évident que pour que la Démocratie soit le seul gouvernement de droit, il est nécessaire que ce soit le seul gouvernement juste, bon, raisonnable, et tellement seul que tous les autres soient essentiellement injustes. mauvais, déraisonnables. Admettez-vous cela ? »

Tous excepté l'instituteur et le philosophe, répondirent : « Nous l'admettons. »

M. Laroque : « M. l'instituteur pourquoi gardez-vous le silence ? »

L'instituteur : « Parce que votre question me paraît manquer de clarté. J'admets parfaitement que si la Démocratie est le seul gouvernement de droit, elle est le seul gouvernement juste ; mais je n'admets qu'elle soit seule de droit et juste. »

Le Barbu : « Vous l'admettez bien pour Henri V, pourquoi ne l'admettrions-nous pas pour la République ? »

L'instituteur : « Parce que, grâces à Dieu, je ne confonds pas, comme vous le faites, par inadvertance sans doute, avant et après le contrat. M. Laroque comparait tout à l'heure le contrat social au contrat de mariage.

« Cette idée m'inspire la réponse que je vous fais. Avant de vous marier, vous étiez libre de prendre telle ou telle demoiselle pour épouse et, si la chronique est vraie, vous avez failli épouser Marie Lacombe au lieu de Jeanne Latude que vous avez honorée de votre choix. Mais, actuellement, êtes-vous libre d'épouser une autre femme ? Non, parce que vous êtes lié par votre contrat avec Jeanne Latude. De même, les personnes libres de toute société politique peuvent, suivant nous et suivant le bon sens, choisir entre les diverses formes de gouvernement, mais dès qu'elles sont liées par un contrat, elles sont obligées de le respecter, et c'est pour cette raison que nous disons qu'Henri V est de droit roi de France. En effet la France aurait pu, alors qu'elle était libre, choisir une autre forme de gouvernement; mais, s'étant indissolublement liée avec la famille des Bourbons, son devoir est de lui être fidèle. Voilà notre opinion. La vôtre est que toute société politique qui se constitue est obligée de se constituer démocratiquement et que, la Démocratie étant de droit absolu, tout autre gouvernement est usurpé, illégitime et injuste en soi. ·

M. PINTARD : « Le Barbu a évidemment confondu deux questions bien distinctes et il est bien excusable. Quant à son opinion, vous l'avez, je crois, bien rendue. »

M. LAROQUE : « Or cette opinion, il faut la prouver, et je vous en défie bien. »

LE BARBU : « On ne prouve pas ce qui est clair comme le jour. »

M. LAROQUE : « La clarté du jour est tellement frappante que les hommes de tous les temps et de tous les pays l'ont unanimement reconnue. Quant au droit absolu de la forme démocratique, il brille si peu que jusqu'à nos jours personne ne s'en était aperçu. Tous les peuples qui se sont constitués politiquement, tous les auteurs qui se sont occupés de ces matières, ont proclamé la liberté de l'homme à choisir la forme de gouvernement qu'ils préfèrent lors de l'établissement de la société. Bien plus, les philosophes qui ont étudié les diverses

sortes de gouvernement, afin de les classer scientifi-
quement, se sont demandé quelle était la meilleure forme
gouvernementale, et ils sont bien loin de donner la pré-
férence à la Démocratie, alors même qu'ils vivent sous
ce régime. La meilleure forme, d'après eux, parmi les
formes simples qui sont, vous le savez, la Monarchie,
l'Aristocratie et la Démocratie, est la monarchique ;
mais les plus savants et les plus expérimentés préfèrent
une mode mixte composée des trois autres, et Cicéron,
dans son livre de *la République*, voit l'idéal du gouvernement dans ce que nous appelons *le régime parlemen-
taire*, régime essentiellement français, consistant en un
Roi qui gouverne (Monarchie) avec le concours des
hommes les plus dignes et les plus capables (Aristocratie) élus par les citoyens actifs (Démocratie).

« Ce qui brille primitivement comme la lumière du
jour, en fait d'autorité, c'est l'autorité paternelle, car
c'est la seule qui se manifeste à tous avant l'établissement
de toute société politique. Lors donc que pressés par
le besoin d'une société plus vaste, plus parfaite et surtout plus puissante que la société domestique, les hommes
veulent la réaliser, cette société leur apparaît nécessairement comme l'extension d'une grande famille qui doit
avoir son père ou son roi, car ils n'en étaient pas arrivés à ce point où l'on préfère expérimenter à copier la
nature. Bien plus, l'histoire nous apprend que le passage
de l'état domestique à l'état de cité s'est opéré souvent
d'une manière insensible par le seul développement de la
famille et il existe, encore de nos jours, des peuples où
tous les citoyens sont parents et sont gouvernés par un

ère commun ou par un de ses descendants. Il y a là *Monarchie patriarcale.* »

Le Barbu : « Je comprends cette forme de gouvernement. Mais cela n'empêche pas que là où les citoyens ne sont pas des parents et ne sont plus gouvernés par un ancêtre commun, la République est de droit absolu. »

M. Laroque : « Vous oubliez, mon cher ami, la recommandation que je vous fis en commençant nos entretiens, de laisser de côté tout amour-propre pour ne vous préoccuper que de la vérité. Je crains bien que ce ne soit l'esprit de discussion qui vous a dicté votre réponse dans laquelle il se trouve deux défectuosités, et vous êtes trop intelligent pour ne pas l'avoir remarqué. »

Le Barbu : « Je vous assure que vous vous trompez en ce moment, et je vous prie de me montrer ce qu'il y a de défectueux dans ma réponse. »

Le Philosophe : « Le premier défaut est bien certainement d'avoir oublié la question. Tu as prétendu qu'il est de toute évidence que la République est douée d'un droit absolu. M. Laroque nie cette évidence que personne n'a vue jusqu'ici, et il assure avec raison, ce me semble, que la première forme gouvernementale qui a dû se présenter aux hommes est la forme que présente l'autorité paternelle, c'est-à-dire la monarchie. Quant au second défaut, je ne le vois pas. »

M. Laroque : « J'en suis étonné, car il me paraît bien frappant. Un droit absolu n'a pas plus d'exceptions qu'une vérité absolue. Ainsi, par exemple, l'homme a le droit absolu de faire tout ce qui lui est légitimement imposé comme un devoir, et ce droit ne peut pas plus

6.

varier que cette vérité : Deux et deux font quatre. Donc, s'il est des sociétés légitimes, non démocratiquement constituées, le droit absolu de la forme démocratique est une chimère, et si vous admettez le droit absolu de la Démocratie, il faut dire logiquement que toute autre société est injuste, en dehors de tout droit, et doit conséquemment cesser d'exister. Là se trouve, mes amis, la cause de certaines erreurs que vous professez sans y croire, ou du moins, de l'indulgence que vous avez pour ces erreurs. Ainsi, pourquoi le Barbu ne veut-il pas entendre parler de Dieu ? Parce que Dieu est un monarque qui annihile ce qu'il regarde comme un droit. Son honnêteté naturelle fait qu'il respecte encore la constitution de la famille ; mais c'est là une inconséquence, car le père est lui aussi un roi qui se montre parfois bien absolu (Le Philosophe : « C'est parbleu bien vrai), et cette inconséquence, il la sent, car il suit l'inspiration des hommes les plus hostiles à la famille et se laisse quelquefois entraîner à parler leur langage. »

Nous attendîmes en vain la réponse du Barbu, de la part duquel nous craignions une explosion. Mais il avait plutôt l'air d'un homme humilié que d'un homme en colère, et M. Laroque m'expliqua plus tard cette attitude, en me faisant le récit d'une conversation qu'il avait eu la veille avec le Barbu, conversation que nous espérons publier plus tard.

Le silence se prolongeant, M. Laroque continua de la sorte : « Et vous autres aussi, mes amis, vous êtes inconséquents. Vous prétendez être des Républicains honnêtes, conservateurs, animés du plus grand respect pour Dieu, la religion, la propriété et la famille, et vous ne voulez pas voir que si la République est de droit, la royauté de Dieu, celle du Pape et celle des pères sont contre le droit. Je dis que vous ne voulez pas le voir, car vous le sentez parfaitement, et de là vient que trop souvent vous parlez comme les ennemis de ces autorités, que vous marchez, que vous votez avec eux. »

Le Baylé : « Nous nous entendons pour établir la République, mais nous nous garderons bien de les suivre si, au jour du triomphe, ils voulaient supprimer la liberté religieuse et établir le socialisme. »

M. Laroque : « Et en attendant, vous votez toujours pour des athées et des socialistes ! Comment pouvez-vous être aveugles ou dupes à ce point ? Prenons notre arrondissement pour exemple afin de mieux juger : Que sont les députés pour lesquels vous avez votés ? Des athées, des socialistes. Que sont les derniers conseillers généraux que vous avez nommés et aux actes desquels vous applaudissez chaque jour ? Des athées et des socialistes. Que sont la plupart des conseillers municipaux de votre choix ? Des athées et des socialistes. Et vous pouvez croire que si demain la République, *la bonne* République des Républicains vient à s'établir, ces hommes auxquels vous livrez toutes les positions agiront selon les idées que vous prétendez avoir et non selon les leurs ? Ne serait-ce pas le cas de dire : « Qui trompe-t-on ici ? Comprenez-le donc une fois pour toutes, un droit qui, supposé qu'il existe, force à détrôner Dieu, le Pape, les pères et tout gouvernement, est un droit qui n'existe pas. »

Le Philosophe : « Mais ne pourrait-on pas dire que la république est de droit dans les sociétés politiques seulement ? »

M. Laroque : « Vous pouvez le dire sans doute. On en dit bien d'autres par le temps qui règne. Mais en le disant, vous abandonnez le droit absolu de la Démocratie, pour en faire un droit relatif à la société politique ; en le disant, reste toujours la question de savoir si c'est avec raison, et, pour moi, la question est résolue, car je ne vois pas ce qui peut restreindre ce droit, si droit il y a. »

Le Baylé : « Il doit y avoir à ce droit des raisons que nous ne connaissons pas, car, enfin, il n'est pas possible que des gens intelligents tels que nos chefs, répètent chaque jour que la République est au-dessus de toute discussion, s'ils n'avaient pas des raisons évidentes en faveur de leur sentiment. »

M. Laroque : « S'ils ont des raisons, pourquoi ne les exposent-ils pas ? Comment, vous qui prétendez n'admettre que ce que vous comprenez, ne les demandez-vous pas ? Comment, à bout de raisons contre moi, en appelez-vous à l'intelligence de vos chefs comme les catholiques à l'autorité du Pape ? Comment, sur l'autorité seule de ces chefs, avez-vous admis comme incontestable une chose si controversée ? Vous, si méfiants pour tous les autres professeurs de politique, comment n'avez-vous pas eu cette idée qui vous est pourtant si familière que ces assertions, données d'un ton si tranchant et sans preuve aucune, sentent le charlatanisme ? Il faut vous le dire, cela dut-il vous froisser, car c'est dans votre intérêt, les chefs auxquels vous avez donné votre confiance, sachant que leur opinion n'est pas soutenable, répètent à chaque instant qu'elle est un principe au-dessus de toute discussion, afin d'éviter une discussion qui tournerait à leur confusion et à leur honte, et afin que vous n'ayez pas l'idée de la discuter. C'est là leur habitude. En histoire, en fait de science, en religion comme en politique, ils ont des assertions gratuites qu'ils répètent à satiété sous forme d'aphorismes, élevés par eux à la hauteur des axiomes, et cela pour jeter de la poudre aux yeux de leurs disciples. Je pourrais vous démontrer ce fait ; mais je serais trop long et peut-être ne me comprendriez-vous pas toujours. Il me suffira de vous dire la position qu'ils ont prise relativement à la Religion. Certes, s'il est des questions importantes, ce sont celles qui concernent Dieu, l'âme, sa spiritualité, les miracles. De tout temps, l'esprit humain a concentré ses forces intellectuelles sur ces questions capitales. Presque tous les savants ont cherché à les élucider, à les établir, à les défendre ; quelques-uns à les mettre en doute ou à les faire nier. Mais tous ont traité sérieusement ces choses sérieuses et ont jeté un blâme sévère sur les quelques esprits légers qui ont cherché à les faire périr sous la raillerie et le ridicule. Eh bien, nos libres-penseurs ont trouvé une autre méthode. Ils ont baptisé ces grandes vérités du nom de *surnaturel* et, dès que l'on en parle, ils s'écrient d'un air de pitié qui n'a d'égal que leur audace : *La science ne reconnaît pas le surnaturel, et elle n'a pas à le discuter, car pour elle il n'existe pas.* Met-on sous leurs yeux de vrais miracles, constatés par des savants de premier ordre ? Leur expose-t-on les démonstrations faites par les plus grands génies? Ils ne cherchent pas à prouver que ces faits présentés comme des miracles sont des faits naturels ou des faits imaginés, ils ne prouvent pas la fausseté de la démonstration, comme ils le devraient; oh! non, ils ne daignent pas même les honorer d'un regard, *cela n'existe pas.* Ce dédain et cette suffisance de charlatan deviennent contagieux pour les petits esprits qui les prennent pour la science incarnée, et, sur la foi de ces prétendus savants, ils ne discutent pas la Religion parce que, n'existant pas, elle est *au-dessous* de toute discussion. De même ils refusent d'examiner le droit absolu de la Démocratie par cette vaine raison que ce droit est un axiome *au-dessus* de toute discussion. »

Le Maire (Mouvement de surprise et d'attention): « Je vous abandonne les libres-penseurs en fait de Religion, mais il me semble qu'en fait de République, ils ne manquent pas de raisons bonnes ou mauvaises, je ne me charge pas de les juger, pour établir le droit qu'ils lui attribuent. »

M. Laroque : « Pourriez-vous nous exposer ces raisons. Nous serions heureux de les entendre de votre bouche. » (Sourire général).

Le Maire : « Allons, farceur, vous les connaissez mieux que moi; mais puisque vous tenez à me faire sortir de ma réserve, voici ce que j'ai entendu bien souvent : Le gouvernement est chargé des affaires de tous. Or, de même que chacun doit gérer ses propres affaires, tous doivent gérer les affaires communes. »

M. Laroque : « Comme je suis fatigué, permettez-moi

de céder la parole à M. l'instituteur, à moins que vous ne vouliez renvoyer la réponse à demain, l'heure du travail étant près de sonner. »

Le Maire : « Il reste peu de travail à faire dans le jardin. Demain, nous allons travailler ailleurs et nous ne pourrons nous réunir à cette heure-ci et en ce lieu ; nous ferons bien, par conséquent, d'en finir aujourd'hui. »

L'instituteur : « Ce n'est pas bien à vous, M. Laroque, de me mettre en opposition avec mon chef. Mais vous avez pensé sans doute que M. le Maire nous ayant transmis un raisonnement sans l'adopter, la réfutation s'adresserait au raisonnement et non à M. le Maire. Et réellement le premier magistrat de notre commune a trop d'intelligence pour admettre de telles idées, et s'il nous assure qu'il ne se charge pas de les juger, c'est par pure modestie. (Ici le Barbu lève les épaules d'une manière bien significative.) Chacun sans doute doit s'occuper de ses propres affaires ; mais chacun est-il obligé de les gérer lui-même et de les diriger ? Il me semble que, incapable, on doit les confier à des personnes capables, que l'on fait toujours bien en les confiant à des personnes plus capables que soi ; qu'on peut les abandonner à la direction d'autrui pour un temps plus ou moins long et même à perpétuité. Est-ce que l'on n'afferme pas des biens pour vingt ans, cent ans, et même davantage ? Est-ce qu'on ne cède pas des terres moyennant une redevance perpétuelle ? Est-ce que je dirige les affaires du notaire, du banquier, de la compagnie, de l'avoué, du médecin, etc., auxquels je confie un intérêt quelconque.

« De plus, il ne faut pas confondre les affaires proprement

dites avec les intérêts qui sont de toute nature. Vos enfants ont intérêt à ce que je les instruise et les élève bien, les intérêts de la famille sont les leurs, nous sommes tous intéressés à la bonne direction de l'Eglise, à la régularité des saisons, au gouvernement de l'univers. Cela donne-t-il le droit aux enfants d'être instruits, dirigés, gouvernés par l'instituteur et par leurs parents, comme ils l'entendent eux-mêmes, et celui d'intervenir avec autorité dans les affaires de la famille ? Cela nous donne-t-il à tous le droit de participer au gouvernement de l'Eglise et à celui du monde ? Faut-il applaudir, au lieu de les blâmer et de les réprimer, ces charivaris et ces révoltes des collégiens et des étudiants contre leurs professeurs et leurs maîtres ? Allons, Messieurs, soyez conséquents, exigez que la famille, les collèges, les universités, la banque, l'industrie, le commerce, la propriété, l'Eglise, l'univers, soient démocratiquement constitués ; faites de tous les chefs, quels qu'ils soient, des présidents, des commis révocables à volonté. N'avons-nous pas intérêt à ce que tout cela aille bien, et ne sommes-nous pas assurés que tout ira bien sous le règne de la Démocratie ?

« Enfin, la société politique n'est pas une société commerciale et d'intérêts purement matériels ; son gouvernement n'est pas un agent d'affaires productives, quoiqu'il gère les affaires d'intérêt public par suite de sa mission qui consiste à conserver l'ordre dans la justice, à maintenir et défendre le droit contre toutes les violations et toutes les attaques du dedans et du dehors. M. Laroque vous l'a dit, en constituant un gouvernement, vous lui confiez sans doute les affaires communes, mais vous lui donnez aussi autorité, juridiction sur vos personnes, afin qu'il les maintienne sous le joug de la loi ; vous voulez être sauvegardé contre les passions des autres comme vous voulez que les autres le soient contre les vôtres. Là est l'intérêt social, et comment cet intérêt sera-t-il protégé si le gouvernement est lui-même gouverné par ceux qu'il est chargé de gouverner ? »

Le Barbu : « Vous oubliez, maître, que l'on n'entre en possession du droit que lorsque on est raisonnable, capable, majeur en un mot. L'autorité du père devra donc toujours subsister pour les enfants mineurs. Quant aux majeurs, s'ils établissent des sociétés, ils doivent les constituer démocratiquement. »

L'Instituteur : « C'est vous, cher Barbu, qui, préoccupé je ne sais pourquoi, n'avez pas remarqué que je répondais à ceux qui veulent fonder le prétendu droit de la Démocratie sur l'intérêt qu'ont tous les associés dans la bonne direction de la société à laquelle ils appartiennent. Or, les enfants sont intéressés dans toutes les choses de la famille. Votre objection fortifie ma preuve au lieu de l'affaiblir ; car si on ne peut exercer un droit que lorsque on est majeur et majeur capable, il n'est pas vrai que l'intérêt que l'on a dans une société donne, à lui seul, le droit d'intèrvenir dans le gouvernement ou la direction de cette société.

« Si, comme vous le prétendez, tout homme majeur est obligé d'établir des sociétés démocratiques, il ne sera pas permis à une personne devenue majeure de rester sous le joug d'un gouvernement non démocratique, ce gouvernement serait-il excellent en lui-même et pour les personnes qu'il dirige, ce gouvernement serait-il celui d'un père, d'un bienfaiteur, d'un envoyé de Dieu, d'un génie, d'un libérateur ; toute dictature, toute direction par en-haut, serait-elle nécessaire au salut public, sera contre la justice ; tout commandement, même militaire, même ecclésiastique, une iniquité. Votre principe prétendu, affirmé sans raison et hostile à la liberté de choix en fait de systèmes de gouvernement, ainsi que nous l'a si bien montré M. Laroque, est tout bonnement une absurdité et vous ne voudriez pas vous-même laisser diriger vos affaires, votre vie, votre conscience par les décisions d'une majorité mobile, passionnée, ignorante en bien des choses, ne pouvant pas s'élever à l'intelligence des vérités et des intérêts généraux et comprendre la nécessité de l'abnégation et du sacrifice du bien particulier au bien général. Est-ce que vous pouvez croire que la vérité, la science, la vertu, l'unité, la paix prennent leur source dans des décisions populaires. Abolissez donc l'enseignement, les prêtres, les avocats, les médecins, les ingénieurs, etc. Il n'y a plus qu'un maître à consulter, la foule. »

M. Laroque : « Je vous arrête, mon cher maître, car vous sembleriez, aux yeux de nos amis, l'ennemi de tout gouvernement démocratique, et un gouvernement démocratique peut être légitime comme tout autre. »

Le Barbu : « A la bonne heure. Nous avons donc le droit d'établir la République. »

M. Laroque : « Un peuple, à son origine, possède incontestablement ce droit. Ce droit, il ne l'a plus dès qu'il s'est lié par un contrat social. Nous l'avons déjà dit. Au reste, ce serait nous écarter de la question actuelle. »

M. Pintard (Mouvement général d'attention) : « M. Laroque a raison. Ses idées sont claires, bien déduites, bien enchaînées, et je crois que personne ne pourrait lutter avec lui.

Le Baylé : « Est-ce ainsi que vous défendez la République ? Il fallait nous le dire avant de venir. »

M. Pintard : « Attendez-donc, emporté. Oui, M. Laroque a raison, mais à son point de vue. Admettez avec lui Dieu ou seulement le droit et la justice, je parle d'un droit et d'une justice supérieurs à l'homme, et vous serez obligés d'avaler toutes les conséquences. Notre grand logicien Proudhon l'a vu de son œil d'aigle ; en Religion, il faut, si l'on veut être conséquent, être *catholique* ou *athée ;* en politique, *monarchiste* ou *anarchiste.* Soyez donc partisans de l'*Anarchie,* si vous ne voulez pas être catholiques et légitimistes. »

M. Laroque : « Mais si vous ne voulez ni de Dieu, ni du droit, ni de la justice, que faites-vous de la raison qui renferme en elle des principes de vérité, de droit et de justice qui conduisent à Dieu. »

M. Pintard : « N'admettant aucun principe, nous nous servons de la raison pour démolir les vôtres et parvenir à nos fins. »

M. Laroque : « Et quelles sont vos fins? »

M. Pintard : « N'avoir aucun maître et nous contenter en tout, autant que possible. »

M. Laroque : « Au moins vous êtes franc. »

M. Pintard : « Parbleu, vous m'y forcez. Vous avez entrepris de nous enlever quelques bons soldats, et vous n'êtes pas un de ces hommes auxquels on peut en imposer avec de la *blague*. »

Le Philosophe : « Mais dernièrement je vous ai entendu tenir un langage tout différent. Vous parliez des droits inaliénables du peuple, de la liberté, de la discipline pour arriver au gouvernement du peuple par le peuple dont le règne établira l'ordre et la justice. »

M. Pintard : « Et voulez-vous, naïf que vous êtes, que nous fassions peur aux catholiques et à tous ceux qui possèdent, en leur disant quel est notre but, comme s'ils n'avaient pas assez de peur déjà ? Si nous voulons réussir, il faut recruter des soldats, et nous ne pouvons en recruter un grand nombre qu'en ménageant leurs préjugés. »

Le Philosophe : « Vous les trompez donc, et vous voulez en faire des dupes ? »

M. Pintard : « Qu'importe que l'on trompe, si l'on réussit ! Quant à faire des dupes, cela dépend d'eux, puisque, si nous réussissons, ce sera à chacun de nous à faire sa part. »

M. Laroque : « Et si vous ne réussissez pas ? »

M. Pintard : « Nous sommes certains du succès, car je viens d'apprendre que Barodet sera élu, aussi bien que nos autres candidats. »

M. Laroque : « Je le crois comme vous. Mais, avec tout cela, vous n'aurez pas la majorité dans l'Assemblée nationale. »

M. Pintard : « Mais cela, avec le concours de l'ami

Thiers et de tous ces pauvres républicains conservateurs, nous conduit infailliblement à la République définitive, à la vraie République des Républicains. »

M. Laroque : « Qui consiste à n'avoir pas de gouvernement et à faire tout ce qui vous plaira. — Eh bien, ma conviction est que vous ne l'obtiendrez pas de cette manière. Votre succès actuel va faire peur, et la peur unira pour quelque temps les partisans de l'ordre plus ou moins complet contre vous tous qui, à leurs yeux, représentez le désordre. Mais, comme ils se diviseront tôt ou tard, vous finirez, je le crains et j'en ai la conviction, par vous emparer du pouvoir ou du moins par vous révolter et recommencer sur un champ plus vaste la lutte de la Commune avec Versailles. Quoiqu'il en soit, vous finirez par une défaite éclatante et alors que ferez-vous ? »

M. Pintard : « Nous chercherons à recommencer. »

M. Laroque : « Vous êtes donc bien sûr de survivre ? Oh ! nous vous connaissons de longue date. Ne croyant qu'à la fortune comme moyen et au plaisir comme fin, vous convoitez le pouvoir, non pour travailler au règne du droit, de la justice, de l'ordre et de la paix, mais pour puiser à votre aise dans la caisse publique. Mais le pouvoir, il faut s'en emparer. Afin d'y réussir, vous exaltez l'esprit des travailleurs par des idées auxquelles vous ne croyez pas ; vous leur inspirez un dévouement absolu à votre direction, et, après les avoir dégoûtés du travail, de la famille, de la Religion, de l'état social, vous les lancez à l'assaut du gouvernement, dès que vous croyez que les circonstances sont favorables. Triomphent-ils, vous avez tous les bénéfices de leur victoire ; sont-ils vaincus,

vous les abandonnez lâchement, en emportant le plus
possible de cet or ramassé par toute sorte de moyens
pour soutenir les combattants de votre *sainte* cause. »

M. Pintard : « Et tout cela n'est-il pas naturel? Bien
plus, tout cela n'est-il pas juste? Vous jugez la société
pour le bien qu'elle vous procure, nous la jugeons par
le mal qu'elle nous fait. Vous désirez la conservation d'un
état social qui vous donne le bonheur ; nous qui en
sommes les victimes, nous voulons le détruire afin de
jouir à notre tour. »

M. Laroque : « Le bonheur, tel que vous l'entendez,
nous le possédons moins que vous. Nous travaillons sans
cesse et, si nous nous donnons quelques plaisirs légitimes
pour retremper nos forces, ces plaisirs, alors qu'ils
sont coûteux, nous les payons du fruit de nos sueurs.
Vous, vous allez de fête en fête, de cabaret en cabaret, et
vous vous arrangez toujours de manière à ce que ceux
que vous endoctrinez soldent les dépenses. Nos biens
proviennent de notre épargne ou de celle de nos aïeux,
car nous produisons plus que nous ne consommons, et,
bien loin de désirer le bien d'autrui, nous mettons notre
gloire à vivre de notre labeur, soit intellectuel, soit maté-
riel, et à faire vivre ceux qui ont le malheur de ne pouvoir travailler ou qui font un travail sans produit suffisant. Vous, vous consommez sans produire, vous désirez
des biens ramassés par d'autres, vous trouvez votre part
toujours insuffisante et elle l'est réellement, vu votre soif
insatiable et vos appétits de tout genre; vous ne pouvez
donc exercer la charité que vous avez en horreur.

M. Pintard : « Permettez-moi de vous interrompre,

car vous devenez par trop injuste et injurieux. Nous sommes dans un labeur incessant pour le peuple que nous aimons, que nous élevons pour l'émanciper. Nous sommes donc aussi utiles, et peut-être plus, que les instituteurs et professeurs de tout genre qui, ce me semble. ne donnent pas leurs leçons gratuitement. Nous ne voulons pas le bien des autres ; nous voulons seulement que les riches nous rendent des biens qui sont nôtres, puisque c'est nous qui les avons gagnés par nos sueurs.»

M. Laroque : « S'il suffit au loup d'être revêtu d'une peau de brebis pour être une brebis, vous êtes instituteur et professeur. Vous aimez le peuple comme l'aime le loup devenu berger. Vous trouvez ce jugement injuste. Mais vous venez de nous dire qu'il n'y a ni droit ni justice supérieurs à l'homme. De quelle justice parlez-vous donc, Monsieur ? De la justice telle que vous la concevez ? Je ne le crois pas, car vous sentez que mon jugement est vrai, et la vérité n'est pas une injure lorsqu'on la proclame dans l'intention de guérir. Oui, Monsieur, mon jugement est vrai, incontestablement vrai, et je dois le prouver pour ceux qui nous écoutent. Appelerez-vous instituteur ou professeur un homme qui emploie tous les moyens possibles pour détruire les vérités enseignées par les instituteurs et les professeurs véritables? Or, les meneurs démocrates n'enseignent aucune vérité : ils n'apprennent qu'à nier. Contestez-le, si vous l'osez. (Silence). Un professeur s'adresse à l'intelligence et au cœur de ses *élèves* qu'il veut réellement *élever* ; il leur demande attention, réflexion, sang-froid, impartialité, courage d'immolation à la vérité ; il les veut à jeun et dans un lieu de recueillement. En agissez-vous ainsi ? En général, ils reçoivent un traitement, ils faut bien qu'ils vivent ; mais ce traitement est un échange tout au bénéfice des élèves qui reçoivent le pain de l'intelligence et du cœur en donnant le pain du corps ; ce traitement est réglé, contrôlé, fixé. Votre traitement à vous, fruit de quêtes, de dons, de souscriptions, d'invitations plus ou moins libres, qui le contrôle ? Quel est le juge de la part qui vous est faite ou que vous vous faites et de la part consacrée au but annoncé ? Quel bénéfice en retire le peuple que vous désapprenez, que vous passionnez ? Enfin, Monsieur, il peut être vrai que tel ouvrier en particulier a été trop peu rémunéré par telle personne qui l'emploie. Mais, de quelques faits particuliers pouvez vous en faire une règle ? En est-il moins vrai que le bien, la propriété est le fruit du travail ou du don et qu'elle est respectable comme la personne qui travaille, comme la personne qui donne ce qu'elle a produit elle-même ? »

Le Maire : « Nous n'en finissons pas. Vous reprendrez cet entretien, si vous le voulez ; mais il nous reste tout juste assez de temps pour terminer le travail entrepris. »

M. Pintard et Le Barbu : « Vive la République. »

FIN.

Lunel, typographie et lithographie de Camille Cros.

TABLE DE MATIÈRES

—

9 782014 097276